Arbeiten in der Entwicklungszusammenarbeit

Zwischen Bauern und Ministern

interconnections

Arbeiten in der Entwicklungszusammenarbeit
Zwischen Bauern und Ministern

Erfahrungsberichte – Anforderungsprofile – Chancen

Ulrike Bartels, Simone Holzwarth

interconnections

Für Hinweise, Erfahrungsberichte und Fotos, die wir in weiteren Auflagen verwenden, bedanken wir uns mit einem Buch aus unserem Programm

Der Verlag sucht weitere zum Programm passende Manuskripte

Impressum:

Reihe »Jobs, Praktika, Studium«, Bd 37

Ulrike Bartels, Simone Holzwarth

Arbeiten in der Entwicklungszusammenarbeit

Zwischen Bauern und Ministern

Erfahrungsberichte – Anforderungsprofile – Chancen

ISBN 3-86040-130-0

ISBN 978-3-86040-130-9

2006

Umschlagfotos:

Johannes Messbacher (U1 unten), Astrid Gerz (U1 oben, U4)

Umschlag & DTP-Layoutsatz: A. Semling, linuxnet-print.de

Verlag interconnections, Schillerstraße 44

D-79102 Freiburg,

Tel. 0761 700 650, Fax 0761 700 688

info@interconnections.de

www.interconnections.de

Inhaltsverzeichnis

Vulkan Cotopaxi (Ecuador) Foto: Johannes Messbacher

Vorwort

Mit dem Deutschen Entwicklungsdienst (DED) als Pädagoge Maßnahmen der Aids-Prävention in Benin unterstützen, mit dem Evangelischen Entwicklungsdienst (EED) als Psychologe Trauma-Arbeit in Peru leisten, im Auftrag der Gesellschaft für Technische Zusammenarbeit (GTZ) die Verwaltungsreformen in Indonesien vorantreiben oder, vermittelt durch das Centrum für internationale Migration (CIM), das Erziehungsministerium in Mosambik in Fragen der beruflichen Bildung beraten – dies alles sind Tätigkeiten, die im Rahmen der Entwicklungszusammenarbeit (EZ) möglich sind. Die Tätigkeiten, die Fachkräfte der EZ vor Ort durchführen, beziehen sich dabei auf die vom Bundesministerium für Wirtschaftliche Zusammenarbeit und Entwicklung (BMZ) definierten zehn Handlungsfelder: Armutsbekämpfung, Friedensentwicklung und Krisenprävention, Menschenrechte, Demokratieförderung und Gleichberechtigung, Auslandsverschuldung, Zusammenarbeit mit der Wirtschaft, Außenhandel und Welthandelsordnung, Welternährung und Ländliche Entwicklung, Bildung, Bevölkerung und Gesundheit.

Zielsetzung

Für Aussenstehende ist es nicht einfach, das komplexe Berufsfeld Entwicklungszusammenarbeit zu begreifen. Systematische Informationen über die Entwicklungszusammenarbeit, bezogen auf berufliche Perspektiven, sind rar gesät. Das vorliegende Buch soll diese Lücke schließen und ein umfassendes und systematisches Bild von dem Berufsfeld Entwicklungszusammenarbeit vermitteln. Es richtet sich besonders an Studierende und Hochschulabsolventen, die mit dem Gedanken spielen, einen Berufsweg in der Entwicklungszusammenarbeit einzuschlagen. Aber auch bereits Berufstätige, die überlegen, eine Tätigkeit in der Entwicklungszusammenarbeit »einzuschieben«, sollen durch dieses Buch einen Einblick in das Berufsfeld erhalten. Ziel ist dabei nicht, Detail-Informationen zu vermitteln, sondern einen möglichst systematischen Überblick über das Berufsfeld EZ. Zudem möchten wir Informationsquellen aufzeigen, anhand derer weiter recherchiert werden kann. Die Frage, wie sinnvoll Entwicklungszusammenarbeit (und hier die Personelle Zusammenarbeit) ist, was sie eigentlich bewirken kann, und welches vielleicht die negativen Wirkungen sind, wird im Rahmen des Buches weitestgehend ausgeblendet. Betrachtet werden soll hauptsächlich die berufliche Perspektive, um Interessierten eine Entscheidungshilfe zu geben.

Aufbau

Das *erste* Kapitel ist eine Zusammenstellung von Erfahrungsberichten von Fachkräften der Entwicklungszusammenarbeit. Bei der Auswahl der Interviewpartner wurde auf eine möglichst große Diversität geachtet: Die Interviewpartner sind oder waren für unterschiedliche Institutionen im Ausland tätig – angefangen vom Deutschen Entwicklungsdienst (DED), der Arbeitsgemeinschaft für Entwicklungshilfe (AGEH) über die GTZ (Gesellschaft für Technische Zusammenarbeit) und CIM (Centrum für Internationale Migration) bis hin zur Bundeswehr. Mit einigen Interviewpartnern wurde das Gespräch kurz vor ihrer Ausreise oder aber während ihres Heimaturlaubes geführt. Andere wurden digital per Email befragt, sie befanden sich zum Zeitpunkt des Interviews in ihrem Gastland, von dem aus sie berichten. Während einige Interviewpartner am Anfang ihres Berufslebens stehen, haben andere Gesprächspartner bereits etliche Jahre innerhalb der EZ gearbeitet und stehen z.T. kurz vor dem Ende ihres Erwerbslebens. Es berichten sowohl Männer als auch Frauen, sowohl Vertragsnehmer als auch Mitausreisende Partner sowohl Deutsche als auch Angehörige anderer Nationalitäten. Alle Interviewpartner/innen haben einen unterschiedlichen beruflichen Hintergrund, kommen aus verschiedenen Berufssparten und hatten verschiedene Einstiegswege in die Entwicklungszusammenarbeit.

Durch diese sehr unterschiedlichen Interviewpartner soll ein möglichst differenziertes Bild der Berufsperspektiven in der Entwicklungszusammenarbeit vermittelt werden. Es soll aufgezeigt werden, welche Tätigkeiten und Berufsbiografien hinter den Menschen stehen, die in der EZ tätig sind. Vielleicht kann auf diese Weise auch Verständnis dafür geweckt werden, warum das Berufsfeld Entwicklungszusammenarbeit so schwer zu (be-)greifen ist.

An dieser Stelle sei noch einmal allen Interviewpartnern ausdrücklich für ihre z.T. sehr offenen und sehr ehrlichen Erfahrungsberichte gedankt.

Das *zweite* Kapitel vermittelt eine Übersicht über Arbeitgeber der Entwicklungszusammenarbeit. Dabei werden zentrale Organisationen der bilateralen und der multilateralen Entwicklungszusammenarbeit vorgestellt. Durch die Angabe der Internetseite wird es möglich, sich schnell

über die entsprechenden Institutionen weiter zu informieren. Außerdem werden Literaturhinweise gegeben, wo nach weiteren Arbeitgebern für eine Tätigkeit in der Entwicklungszusammenarbeit gesucht werden kann.
Das *dritte* Kapitel analysiert die Stellensituation in der bilateralen und multilateralen Zusammenarbeit. Dabei wird bspw. folgenden Fragen nachgegangen: Wie viele Stellen gibt es in der Entwicklungszusammenarbeit? Wie viele Stellen werden innerhalb eines Jahres vakant und nachbesetzt? Wie sieht die zukünftig erwartete Stellenentwicklung aus? Zudem soll aufgezeigt werden, wo nach freien Stellen gesucht werden kann und welche Stellenbörsen es für den Bereich der Entwicklungszusammenarbeit gibt.
Das *vierte* Kapitel geht der Frage nach, welche Qualifikationen und Kompetenzen Fachkräfte der Entwicklungszusammenarbeit mitbringen müssen. Beantwortet werden Fragen wie: Werden Kenntnisse der Landessprache vorausgesetzt, oder sind andere Faktoren wichtiger? Welche Fachrichtungen werden in der Entwicklungszusammenarbeit benötigt? Und: Welche Anforderungen bestehen an die sogenannten »soft skills« wie bspw. interkulturelle Kompetenz?
Das *fünfte* Kapitel beschäftigt sich mit Berufswegen und »Prototypen der Entwicklungszusammenarbeit«. Dabei wird zwischen denjenigen unterschieden, die anstreben, ihren gesamten Berufsweg innerhalb der Entwicklungszusammenarbeit bzw. der Internationalen Zusammenarbeit zu verbringen und denjenigen, für welche die Entwicklungszusammenarbeit lediglich eine Station innerhalb ihrer Berufsbiografie darstellen soll. Ziel ist es hier, Vor- und Nachteile bzw. mögliche Schwierigkeiten und »Klippen« dieser verschiedenen Biografien aufzuzeigen.
Das *sechste und siebte* Kapitel richtet sich speziell an Studierende bzw. Hochschulabsolventen. Aufgezeigt werden sollen hier Möglichkeiten für Auslands- und Inlandspraktika sowie mögliche Wege für den Berufseinstieg nach Beendigung des Studiums.

Anmerkungen:

Zwecks besserer Lesbarkeit wird im Folgenden auf die weibliche Form verzichtet. Fußnoten sind aus satztechnischen Gründen im Anhang. Sie werden im Text folgendermaßen kenntlich gemacht: [(1)], [(2)], etc.
Bei Webadressen wurde das www. aus satztechnischen Gründe meist weggelassen.

Erfahrungsberichte

Erk Roeloffs – Russland

„Ich bin in der interkulturellen Begegnung gut damit gefahren, dass ich meine eigenen Werte nicht verleugnet habe." – Erk Roeloffs

Name	Erk Roeloffs
Nationalität	Nach eigenen Angaben „(...) im Herzen ein Inselfriese, daher der Vorname 'Erk', der Ururgrossvater hat einen großen Teil seines Lebens in Holland verbracht, daher der Nachname Roeloffs, im Pass Deutscher, derzeit in Russland zu Hause"
Familienstand	Ledig
Beruf	Lehrer für Französisch und Russisch, MBA
Institution	Gesellschaft für Technische Zusammenarbeit (GTZ)
Gastland	Russland
Aufgabenbereich	Stellvertretender Geschäftsführer der Entwicklungsgesellschaft Novosibirsk (GTZ)
Auslandserfahrungen	Frankreich, Russland
Interview	Das Interview führte Simone Holzwarth.

Ein Inselfriese

Dass ich einmal einen Beruf im Ausland haben werde, hat sich in den ersten 19 Jahren meines Lebens überhaupt nicht angekündigt: Ich habe Abitur und Zivildienst auf der Insel Föhr gemacht. Danach habe ich zunächst in Marburg und dann in Berlin Französisch und Russisch auf Lehramt Staatsexamen studiert. Ich habe mir gesagt, dass ich mir in meinem Studium so viele Sprachen wie möglich aneigne, und danach einen Beruf erlerne. Diese Rechnung ist aufgegangen.

Während meines Studiums war ich ein Jahr lang Französischlehrer in Poitiers und habe bei zahlreichen Aufenthalten in Russland meine Sprachkenntnisse verbessert und Kontakte geknüpft.

Nach dem Studium 1997 habe ich meinen Koffer gepackt und bin nach Moskau gefahren, um dort am Maxim-Gorki-Institut für Literatur als Deutschlehrer zu arbeiten. Nach einem Jahr arbeitete ich dann bei einem Human Ressource Unternehmen, bei dem ich ein „on the job" -Training bekam. Durch die Rubelkrise kam das Geschäft der Firma ins Stocken. In dieser Zeit überlegte ich mir ein Projekt zur Präsentation deutscher Kultur und Bildungsmöglichkeiten („Tag der deutschen Bildung in Moskau") und suchte dafür einen Träger. So lief ich meinem heutigen Arbeitgeber, der GTZ, über den Weg. Die GTZ hatte zwar nicht unmittelbar Interesse an dem Projekt, doch im Sommer 1999 erhielt ich einen Anruf, ich sollte mich bei der GTZ in Eschborn vorstellen.

Projekte für Russlanddeutsche und Russen

Ich wurde dort (bei der GTZ in Eschborn) zwei Monate gut vorbereitet. Doch erst durch die Konfrontation mit dem Alltagsgeschäft erlernt man den konkreten Job. Ich wurde in Novosibirsk Projektkoordinator der GTZ für das Gebiet Ostsibirien, in dem Unterstützungsmaßnahmen für bleibewillige Russlanddeutsche durchgeführt werden. Mein zu betreuendes Gebiet reicht dabei von Krasnojarsk bis nach Magadan und Wladiwostok am Japanischen Meer. Das sind fünf Zeitzonen!

Die Deutschen sind in Russland eine anerkannte Minderheit, zusammen mit etwa 154 anderen Nationalitäten. Die muss der russische Staat alle in gleicher Form unterstützen. Daher unterstützen wir auch die Infrastruktur, wie zum Beispiel Berufsschulen. Russlanddeutsche könnten jederzeit ausreisen, wir wollen sie aber in ihrem Bleiben unterstützen. Mit dem Projekt sollen auch die Folgen früherer Repressionen, denen Russland-

deutsche während und nach dem 2. Weltkrieg ausgesetzt waren, gemindert werden.
Die Projekte richten sich an Russlanddeutsche und an Russen. Es werden Sprachkurse angeboten, Begegnungszentren und Jugendprojekte, Gesundheitserziehung, Treffpunkte für Jugendliche aus ländlichen Gebieten, Aus- und Fortbildung und humanitäre Hilfe für alte Menschen. Moralisch und politisch ist es ein großartiges Projekt, dass sich die GTZ, also Deutschland, für die Russlanddeutschen einsetzt.
Jetzt ändern sich die Bedingungen der Förderung, die bereitgestellten Finanzmittel gehen zurück. Dazu kommt, dass sich die deutsche Gesetzgebung geändert hat. Seit diesem Jahr muss die ganze Familie bei der Ausreise deutsch können, nicht nur der Ausreisende, damit die Integration in Deutschland vereinfacht wird. Ziel des Projekts ist ja, dass die Deutschen in Russland bleiben.
Während meiner Tätigkeit in Russland habe ich zuerst diese Projektkoordination gemacht. Danach wurde ich zum kommissarischen Geschäftsführer des Büros der GTZ in Novosibirsk und dann zum Stellvertreter des neuen Geschäftsführers in den Bereichen humanitäre Hilfe, Aus- und Fortbildung und investive Maßnahmen.

Wie von Hamburg nach Texas

Russland ist flächenmäßig das größte Land der Welt. Mein Arbeitsgebiet ist so groß wie von Hamburg nach Texas. Das heißt für mich, dass ich mich vor allem mit dem Flugzeug fortbewege. „Ich fahr mal eben ins Nachbardorf" – so etwas gibt es da nicht. Jede Fahrt mit dem Zug von Stadt zu Stadt dauert eine Nacht lang. Allein Moskau mit seinem Einzugsgebiet hat etwa die Größe von Belgien. Das Land ist sehr reich an Rohstoffen, allerdings fehlt die Infrastruktur, um diesen Reichtum auch effektiv zu nutzen.
Das Umfeld gibt für die tägliche Arbeit einen anderen Rhythmus vor, ein anderes Tempo, in dem wir täglich arbeiten. Viele Dinge laufen schneller ab als in Deutschland. Es müssen viele Entscheidungen getroffen werden, bei denen es gar keine Gelegenheit gibt, lange nachzudenken. Die Konfliktbearbeitungsmechanismen sind komplett anders und das lernt man erst vor Ort. In Russland ist punktuelles Denken vorherrschend, nicht Prozessdenken wie in Deutschland. Das heißt unter anderem, dass die russischen Partner sofort eine Antwort bei Anfragen haben möchten,

sonst wird das als Unwillen ausgelegt. Wichtig ist auch, dass das Leben auf die Gemeinschaft ausgerichtet ist, an Familien und Clans, nicht am Individuum. Ich bin in der interkulturellen Begegnung gut damit gefahren, dass ich meine eigenen Werte nicht verleugnet habe. Ich habe Distanz gewahrt, habe aber immer zugehört, die Menschen ernst genommen und Vertrauen gebildet.
Ich bin jetzt in Russland zu Hause, und es fällt mir schwer, mich in Deutschland bei längeren Aufenthalten einzuleben. Ich sehe durch meinen langen Aufenthalt in Russland viele Dinge in Deutschland jetzt aus einer anderen Perspektive. Zum Beispiel die ganzen aktuellen Diskussionen um Sparmaßnahmen und Kürzungen. Ich kann das Lamentieren der Leute hier nicht mehr hören. Das Problem ist meiner Meinung nach, dass alle hier lange Zeit auf einem hohen Niveau gelebt haben. Wenn sie jetzt davon etwas abgeben müssen, ist das eine Katastrophe. In Russland kann sich niemand auf den Staat verlassen. Die Leute müssen viel mehr Eigeninitiative beweisen, um etwas auf die Beine zu stellen, und ich denke, dass genau dies in Deutschland momentan fehlt.

Sandra Wirz – Nicaragua

„Ich glaube, dass ein Auslandsaufenthalt jeden verändert."
Sandra Wirz

Name	Sandra Wirz
Familienstand	ledig
Nationalität	deutsch
Beruf	Diplom-Sozialarbeiterin
Institution	EIRENE
Gastland	Nicaragua
Aufgabenbereich	Pädagogische Betreuung in einem Mikrokredit-programm für Jugendliche
Auslandserfahrungen	Bolivien, Nicaragua
Interview	Das Interview führte Simone Holzwarth.

Sich nicht vereinnahmen lassen

Ich habe Sozialarbeit in Köln studiert, wo ich auch jetzt noch wohne. Mit EZ hatte ich eigentlich bisher nicht viel zu tun. Berufserfahrung habe ich vor allem in den Bereichen Jugendarbeit, Jugendberufshilfe und in der Frauenarbeit mit drogengebrauchenden und obdachlosen Frauen und Mädchen. Ich habe dazu in Beratungseinrichtungen und in der Prävention in Schulen und Jugendzentren in Workshops und Veranstaltungen gearbeitet. Wichtig ist bei dieser Art von Arbeit vor allem, dass man sich gut abgrenzen kann, um nicht zu sehr von den Problemen anderer „vereinnahmt" zu werden.

Freiwilligenarbeit in Bolivien

2002 war ich für ein halbes Jahr in Bolivien – nicht über eine Organisation, sondern privat. Ich hatte damals das Gefühl, dass ich einige Zeit aus Deutschland weg möchte und habe mich dann entschieden, in Bolivien, bei einer Bekannten meiner Familie, in einem Dorf in den Anden ein Praktikum zu machen.

Ich habe dann kurzerhand meine Stelle gekündigt und wusste überhaupt nicht, was mich in Bolivien erwartet. Ich war vorher noch nie in Lateinamerika, aber ich hatte ein gutes Gefühl und dachte, dass es schon werden wird. Ich habe davor noch ein paar Spanischkurse gemacht, um mich verständigen zu können. Der Abschied von Deutschland ist mir nicht besonders schwer gefallen, da ich ja wusste, dass es nur für einige Monate sein würde.

Dort habe ich dann im Krankenhaus und in einem Internat für Kinder vom Land mitgearbeitet. Ich habe mir eigene Aufgabengebiete gesucht und dort alles mögliche gemacht, vor allem Betreuung behinderter Kinder im Krankenhaus, Pflege von Säuglingen, Sprachtraining mit Kindern, Kontakte aufbauen zu den Familien der Kinder auf dem Campo und vieles mehr...

Ich wusste vor meiner Reise nach Bolivien nicht, wie lange ich dort bleiben wollen würde und hatte ein Ticket, das ein halbes Jahr lang gültig war. Für mich war klar, dass ich den Aufenthalt auch beenden würde, falls ich mich nicht wohlfühlen sollte. Aber am Ende wäre ich dann doch gerne länger geblieben und musste nach dem halben Jahr schweren Herzens zurück nach Deutschland.

Beim Zurückkommen war es natürlich schön, Freunde und Familie wieder zu sehen, aber es ist mir auch schwer gefallen, den Lebensrhythmus in Deutschland wieder zu finden. Ich hatte dort das Gefühl, dass ich nicht von allen Seiten so vereinnahmt werde. Ich konnte viel selbstbestimmter arbeiten und war insgesamt entspannter. Es hat sicher wieder ein halbes Jahr gedauert, bis ich mich hier wieder eingefunden habe. Dafür war es gut, dass ich drei Monate Pause hatte, bevor ich wieder angefangen habe zu arbeiten. Eine neue Arbeitsstelle zu finden war für mich ziemlich problemlos. Aber es war dann doch noch mal ein Schnitt, mich wieder in die deutsche Arbeitsweise hineinzufinden.

Veränderungen

Ich glaube, dass ein Auslandsaufenthalt jeden verändert. Ich denke, ich habe eine andere Einstellung zum Leben an sich bekommen, zu Lebensqualität und dem, was für mich wichtig ist. Ich habe für mich neue Prioritäten gesetzt, was ich will im Leben und was ich verwirklichen möchte. Es war für mich klar, dass ich noch mal für eine längere Zeit weg möchte.

In meinem Alltag bin ich gelassener geworden – auch nicht immer, denn leider ist man ja schnell wieder in dem Trott drin. Aber ich kann besser abschalten und besser mit Problemen und unerwarteten Schwierigkeiten umgehen. Ich kann jetzt besser Konflikte aushalten und manchmal auch abwarten, bis sich eine Lösung findet. Das ist mir früher schwerer gefallen.
Ende letzten Jahres dachte ich dann, dass der Zeitpunkt für mich gekommen ist, wieder ins Ausland zu gehen und dort für längere Zeit zu arbeiten. Ich bin ungebunden und habe keine Kinder. Ich habe mich dann umgesehen in Zeitschriften und im Internet und mich bei Bekannten umgehört und bin dann auf diese Stelle von EIRENE gestoßen. Im Januar habe ich mich beworben, die Zusage kam im März und jetzt bin ich hier.

Die Arbeit von EIRENE

Für viele Leute ist die Organisation völlig unbekannt. EIRENE (Internationaler christlicher Friedensdienst) entsendet vor allem Freiwillige – innerhalb Europas, aber auch in die USA, nach Afrika, und Südamerika. Das sind so ca. 60-70 Stellen jährlich. Ich gehe als Entwicklungshelferin, davon gibt es zur Zeit 26. Dabei werde ich nach dem Entwicklungshelfer-Gesetz bezahlt.
Mir gefällt gut, dass EIRENE politisch engagiert ist, auch in Deutschland und international viel mit Randgruppen wie Behinderten, benachteiligten Frauen und Obdachlosen arbeitet. Ich habe mich von Anfang an mit den Zielen und Arbeitsweisen von EIRENE identifizieren können. Ich werde im Juli noch einen Einführungs-Kurs von EIRENE in Neuwied bekommen. Da werde ich dann noch mehr über die Organisation und die unterschiedlichen Projekte erfahren.

Kleinstkredite für Jugendliche

Ich werde in Nicaragua im ländlichen Bereich tätig sein, im Departamento Matagalpa. Ich werde dort mit Jugendlichen arbeiten, die an einem Mikrokreditprogramm teilnehmen. Mikrokreditprogramme gibt es nur selten für Jugendliche.

Diese Kleinstkredite sind Darlehen zwischen 50 und 500 Euro, die ohne große Sicherheiten und mit minimalem Verwaltungsaufwand vergeben werden, zur Zeit vor allem an Frauen. Sie haben sich als sehr wirkungsvolles Instrument der Entwicklungsförderung erwiesen, mit besonderer Bedeutung im Bereich der Armutsbekämpfung und Förderung der Selbsthilfefähigkeit. Kreditgeber können sowohl Banken, als auch Nichtregierungsorganisationen sein.

Mit dem Zugang zur Mikrofinanzierung können arme Menschen die Chance bekommen, unabhängig zu werden und sich ihre Existenz zu sichern. Es werden direkt und indirekt Arbeitsplätze geschaffen, die anderweitig nicht entstanden wären. Im Erfolgsfall wird diesem Personenkreis ein eigenfinanziertes Leben ermöglicht.

Das Projekt dort ist entstanden, weil es ein solches Programm dort mit Erwachsenen gab und das sehr gut funktioniert hat. Es kam der Wunsch auf, ein solches Programm auch für Jugendliche zu ermöglichen, da viele nach der Schule in die Städte abgewandert sind und dort schnell in den Maquilas gelandet sind und somit auch in den Slums. Es gibt kaum Ausbildungsmöglichkeiten für Jugendliche in Nicaragua.

Die Partnerorganisation von EIRENE in Nicaragua, ADDAC, hat dann das Programm aufgelegt. Meine Aufgabe dort wird sein, Jugendliche für das Programm auszuwählen und zu betreuen. Es gibt schon einen lokalen Mitarbeiter von ADDAC vor Ort und ich werde dann als pädagogische Unterstützung dazu stoßen. Ich werde die Jugendlichen bei der Planung ihrer Vorhaben unterstützen und z.B. Kurse zu Buchhaltung und Auffrischung der Mathegrundkenntnisse geben. Zusätzlich wird es auch wichtig sein, den Zusammenhalt der Jugendlichen, die an dem Programm teilnehmen, untereinander zu stärken und adäquate Angebote zu machen, da sie weit voneinander entfernt leben. Die gemeinsame Motivation und Zielorientierung ist für dieses Programm ganz wichtig.

Authentisch bleiben

Man sollte sich bemühen, die kulturellen Eigenheiten eines Landes zu verstehen; aber ebenso sollte man auch authentisch bleiben. Ich glaube, dass es in Lateinamerika diesbezüglich nicht so schwierig ist. Sicher ist es etwas anderes, wenn man z.B. nach China geht, wo es ganz viele Regeln und Kleinigkeiten im täglichen Miteinander gibt, die beachtet werden müssen.

Wissen, wohin man zurückkehrt

Ich hatte Glück und wurde von meiner Arbeitsstelle beurlaubt und konnte auch meine Wohnung untervermieten. Daher ist es ein gutes Gefühl zu wissen, nicht zwischen allen Stühlen zu hängen, wenn ich wiederkomme. In meinem Arbeitsbereich wird ein Auslandsaufenthalt immer eher positiv gesehen. In anderen Arbeitsbereichen ist es vielleicht schwieriger, wieder reinzukommen, da die Arbeitgeber eher befürchten, dass wichtige Entwicklungen verpasst wurden.

Dass ich einige Zeit brauchen werde, um mich in Deutschland wieder einzuleben, ist mir aber auch klar und das wird die größere Schwierigkeit sein.

Axel Neubert – Vietnam

„Oftmals ist es eine ganz kleine Idee von großer Wirkung." Axel Neubert

Name	Axel Neubert
Familienstand	ledig
Nationalität	deutsch
Beruf	Wirtschaftswissenschaftler
Institution	Centrum für Internationale Migration (CIM)
Gastland	Vietnam
Aufgabenbereich	Integrierte Fachkraft in einem der Regierung angeschlossenen Wirtschaftsforschungsinstitut
Auslandserfahrungen	Reisen in Asien, Vietnam
Interview	Das Interview führte Simone Holzwarth.

Ein typischer Banker

Ich habe eigentlich keine »typische EZ-Karriere« gemacht. Ich habe zunächst eine Bankausbildung und ein Studium der Betriebswirtschaftslehre mit dem Schwerpunkt Banken und Finanzen in Berlin absolviert und viele Jahre im Banken- und Finanzbereich gearbeitet. Ich bin also ein typischer Banker, ein Experte für Finanzwesen. Nach meinem Studium bin ich durch meine Arbeit für eine Hamburger Privatbank in den Bereich der Wirtschaftsforschung gekommen.

Makroökonomische Verhältnisse erforschen

Ich war während meines Studiums für sechs Monate in Budapest und habe dort gearbeitet. Die letzten zwei Jahre habe ich in verschiedenen Ländern Asiens gelebt und gearbeitet. In meinem Fachbereich ist Arbeit im Ausland immer sehr spannend, da die makroökonomischen Verhältnisse in manchen Ländern viel weniger erforscht sind als in Europa. Das ist eine besondere Herausforderung für mich.

Marktwirtschaft mit sozialistischer Prägung

Ich gehe jetzt mit CIM nach Vietnam und werde dort in einem Wirtschaftsforschungsinstitut als Berater arbeiten. Dieses Institut berät die vietnamesische Regierung in Wirtschaftsangelegenheiten, zum Beispiel bei der Erstellung von Gesetzen. Meine Aufgabe besteht darin, Forschungsergebnisse zu kommentieren und Erfahrungen der deutschen sozialen Marktwirtschaft einzubringen.
Im Moment ist einer meiner Arbeitsbereiche die Evaluierung des neuen Unternehmensgesetzes, das durch die Forschung dieses Institutes zustande gekommen ist. Durch dieses Gesetz sind in knapp drei Jahren zwei Millionen neue Arbeitsplätze entstanden. Zukünftig wird mich die Forschung über die Rolle des Staates in der Wirtschaft und Gesellschaft Vietnams beschäftigen. Dabei geht es darum, zu erforschen, welche Dienstleistungen der Staat für seine Bürger anbieten muss. Natürlich spielen dabei auch Demokratisierung und Dezentralisierung eine wichtige Rolle. Vietnam strebt langfristig eine Marktwirtschaft mit sozialistischer Prägung an, die dem deutschen Modell der sozialen Marktwirtschaft sehr ähnlich ist. Ich freue mich sehr auf das Land und auf die Leute dort und hoffe, mit meinen Erfahrungen einen kleinen Schritt zur weiteren Entwicklung des Landes beizutragen.

Tätigkeit bei CIM

CIM (Centrum für Internationale Migration) ist eine Personalentsendeorganisation, die Stellen in allen möglichen Bereichen im Ausland anbietet. CIM hat ca. 700 Experten im Ausland und ist eine Arbeitsgemeinschaft zwischen der GTZ mit der fachlichen Aufsicht und dem Arbeitsamt mit der Personalrekrutierung. Firmen und Institutionen beantragen bei CIM eine Stelle, die sie aus eigenen Mitteln nicht finanzieren könnten. Dieser Antrag wird dann geprüft, und bei Erfüllung der strengen Kriterien wird ein deutscher oder europäischer Experte für zwei Jahre an diese Stelle entsandt. Die Grundlage dafür ist ein lokaler Arbeitsvertrag, das heißt ich bin im Prinzip gleichgestellt mit meinen Kollegen und die Institution leistet einen Eigenbeitrag für meine Stelle. Ich bin in dem Institut in die bestehende Hierarchie eingebunden, was in einem so sensiblen Bereich wie einem Wirtschaftsforschungsinstitut die Beratung von innen erleichtert.

Einstieg Stipendium

Eine Tätigkeit in der EZ war von mir nie geplant. Ich bekam ein Stipendium von der Nixdorf-Stiftung zur Förderung der Asien-Pazifik-Erfahrung. In diesen sechs Monaten in Vietnam hatte ich die Gelegenheit, für die Kreditanstalt für Wiederaufbau (KfW) zu arbeiten. Ich fand die Arbeit sehr spannend und habe später verschiedene Gutachten für den DED (Deutscher Entwicklungsdienst) und die GTZ (Gesellschaft für Technische Zusammenarbeit) geschrieben.

Etwas Sinnvolles leisten

Für den Bereich der Wirtschaftsforschung ist eine Arbeit in Entwicklungsländern sehr interessant. Es gibt viele Aspekte, die in Entwicklungsländern noch nicht erforscht sind. Wenn ich durch meine Tätigkeit zu einer positiven Entwicklung des Landes beitragen kann und sich dadurch die Lebensverhältnisse verbessern, dann bin ich stolz auf meine Arbeit. Ich möchte mit meiner Tätigkeit etwas Sinnvolles leisten. Deshalb reizt mich die Arbeit im Bereich der EZ.

Kleine Ideen – große Wirkungen

Eine stärkere Kooperation der Geberländer sehe ich als sehr wichtig an. Gemeinsam kann man viel eher etwas erreichen. Geld alleine ändert jedoch nichts. Oftmals ist es eine ganz kleine Idee, die einc große Wirkung hat. In der EZ sollten wir uns mehr als Partner der einzelnen Länder sehen und nicht nur einen vorgeschriebenen Weg diktieren. Entwicklung sollten wir als einen Lernprozess verstehen. Und da ist es bei den Entwicklungsländern wie im Leben eines Einzelnen auch: Man lernt durch Fehler. Man muss auch den Entwicklungsländern eingestehen, dass sie Fehler machen und ihren eigenen Weg gehen. Die EZ sollte zur Unterstützung flankierend beratend tätig sein. Für dieses Gleichgewicht sehe ich die personelle EZ als wichtige Brücke an.

Ursula Goeth – Ecuador

„Damals war ich sicher noch viel idealistischer als heute."
Ursula Goeth

Name	Ursula Goeth
Familienstand	Ledig
Nationalität	Deutsch
Beruf	Pädagogin, kommissarische Leiterin einer Volkshochschule (VHS)
Institution	Deutscher Entwicklungsdienst (DED)
Gastland	Ecuador
Aufgabenbereiche	Organisationsberatung eines Netzwerks einheimischer Nicht-Regierungs-Organisationen, Didaktisierung des Studiengangs „Gender und Entwicklung"
Auslandserfahrungen	USA, Ecuador
Interview	Das Interview führte Simone Holzwarth.

Vom Rheinland in die USA

Ich habe mein ganzes Leben im Rheinland verbracht, mit Ausnahme eines Jahres, das ich mit 17 in einer US-amerikanischen Gastfamilie und -schule verbracht habe. Ich habe in Bonn Geografie, Pädagogik, Anglistik und Kunstgeschichte studiert. Nach meinem Lehramtsexamen habe ich

zwei Jahre bei der AGEH (Arbeitsgemeinschaft für Entwicklungshilfe) und ein Jahr bei einem großen Wohlfahrtsverband gearbeitet, unter anderem, weil es zu der damaligen Zeit keine Lehrerstellen gab. Mit der Arbeit bei der AGEH erhoffte ich mir einen Einstieg in die EZ, womit ich mich leider verschätzt hatte. Nach meinem zweiten Staatsexamen arbeitete ich dann als pädagogische Mitarbeiterin und Fachbereichsleiterin an einer Volkshochschule (VHS). Bereits als Studentin hatte ich Englisch und Deutsch als Fremdsprache an mehreren Volkshochschulen unterrichtet, und die letzten vier Jahre vor meiner Ausreise konnte ich die VHS Erftstadt kommissarisch leiten.
In meinem Jahr in den USA habe ich eine bewundernswerte Gastfreundschaft kennen gelernt. Ich lebte in einer ziemlich bibeltreuen Baptistenfamilie und machte dort die Erfahrung, wie wichtig gelebte Werte für die Orientierung menschlichen Handelns sind. Ich wurde mit den Werten meiner Gastfamilie konfrontiert, ohne dass diese mir ihre Werte aufzwingen wollte. Das war eine sehr spannende Erfahrung.

Ecuador: kulturelle Gemeinsamkeiten

Ich war die letzten zwei Jahre in Ecuador in der Organisationsberatung und -entwicklung eines Netzwerks von Nicht-Regierungs-Organisationen tätig und habe dessen Mitgliedsorganisationen ihrem Bedarf entsprechend fortgebildet. Ich hatte zuvor in Deutschland in mehreren Netzwerken gearbeitet und ein regionales Netz von Bildungseinrichtungen gegründet. Diese Erfahrungen sind für meine Aufgaben in Ecuador sehr hilfreich.
Meine Arbeit in Ecuador hat mir bisher sehr gut gefallen und ich bin gut zurecht gekommen. Generell entdecke ich viele Gemeinsamkeiten zwischen der lateinamerikanischen Kultur und unserer. Man muss sich schon hüten zu behaupten, wir wären alle gleich, aber man muss auch nicht die ganze Zeit nach Differenzen suchen.

Ich werde nach meinem Heimaturlaub wieder für ein Jahr nach Ecuador zurückgehen, nach Cuenca, und werde dort an der staatlichen Universität einen semipräsenziellen Studiengang „Gender und Entwicklung" unterstützen. (Anm. der Autorinnen: Gender ist der englische Begriff für „soziales Geschlecht" – d.h. erlernte und gesellschaftlich bedingte Geschlechterrollen, sozialer Status von Männern und Frauen, in Abgrenzung zu „sex", d.h. biologisches Geschlecht). Dieses Fernstudium ermöglicht es Männern und Frauen, die sonst aus Geld- und Zeitmangel keine

Möglichkeit hätten, zur Uni zu gehen, sich in diesem Bereich fortzubilden. Unsere Zielgruppe sind Leute, die in der Provinz- und Kommunalverwaltung, in Nichtregierungs-Organisationen und Nationalparks arbeiten. Und tatsächlich hat der erste Durchlauf des Studiengangs auch diese Gruppe erreicht. Die Hoffnung dabei ist, ein erweitertes Verständnis von Gender in die Organisationen hineinzutragen, in denen die Studierenden arbeiten. Außerdem stellt der Abschluss für die Absolvent/innen eine auf dem Arbeitsmarkt gefragte Zusatzqualifikation dar.

Gender und Entwicklungszusammenarbeit

Gender ist ein Querschnittsthema, das in allen Projekten eine zentrale Rolle spielen sollte. Oft ist es allerdings so, dass in Projektanträgen Gender mit aufgenommen wird, weil es eben „gut ankommt" oder von der Geberorganisation verlangt wird. Wichtig ist mir, die Genderperspektive als selbstverständlich in Projekten, Kommunalerwaltungen, Nichtregierungs-Organisationen und Unternehmen zu verankern. Das ist für mich das Reizvolle an diesem Studiengang.

Wo immer sich Menschen von den sie einengenden Geschlechtsrollen befreien, werden sie mittelfristig profitieren. Aber bei der Umverteilung der Macht zwischen den Geschlechtern können natürlich nicht alle gewinnen.

In den ecuadorianischen Nichtregierungs-Organisationen ist die Vorstellung verbreitet, dass man nur dann von Entwicklung sprechen kann, wenn es anschließend allen besser geht. Aber bei Umverteilungsprozessen kann dies eben nicht der Fall sein. Dies gilt sowohl für Umverteilungen zwischen Reich und Arm als auch für das in vielen Bereichen ausgeprägte Machtgefälle zwischen Männern und Frauen. Wenn man beispielsweise in einem Beschäftigungsbereich eine Quote für Frauen einführt, weil diese trotz guter Qualifikationen eindeutig unterrepräsentiert sind, geht dies zu Lasten der Karrierechancen von Männern. Das muss man offen zugeben und nicht vertuschen.

Wenn sich solche Machtstrukturen ändern, kann dies aber auch für einen Teil der Männer positiv sein, beispielsweise für all diejenigen, die nicht in Machtpositionen sind, von denen aber traditionell ein kontinuierlicher Aufstieg erwartet wird, einfach weil sie Männer sind. So eröffnet die Gender-Diskussion die Chance, über eingefahrene Geschlechtsstereotypen, Rollenanforderungen und die bisherige Art und Weise der Machtverteilung nachzudenken und diese konstruktiv zu verändern.

Entwicklung – Unterentwicklung

Meine einheimischen Kolleginnen und Kollegen interpretieren Unterentwicklung ausschließlich als Folge der Kolonialisierung und fortdauernden Ausbeutung des Südens durch den Norden. Natürlich ist an dieser Interpretation vieles dran. Aber um zu beurteilen, ob dies die alles entscheidende Ursache ist, müsste man schauen, ob die Länder, die deutlich kürzer und schwächer kolonialisiert waren, und die Länder, die kaum in den Weltmarkt eingebunden sind, heute wesentlich reicher sind als die anderen. Und zum anderen kann ich aus eigener Erfahrung sagen, dass auch einiges, was Entwicklung hemmt, hausgemacht ist und sich in den Ländern des Südens selbst ändern ließe. Natürlich gibt es ungerechte Weltwirtschaftsbeziehungen: Ecuador und die USA verhandeln beispielsweise momentan über ein Freihandelsabkommen.

Da die USA ihre Agrarsubventionen nicht aufgeben werden, wird dieser Freihandel stärker der Öffnung des Marktes im Süden für Industrieprodukte dienen als der Öffnung des US-amerikanischen Marktes für agrarische Produkte. Ecuador ist aufgrund seiner einseitigen Abhängigkeit von den USA der objektiv viel schwächere Verhandlungspartner. Es zeigt sich aber auch, was an der ungleichen Verhandlungsmacht hausgemacht ist: Die US-amerikanische Delegation erschien zu den Verhandlungen mit einem fertigen Vertragsentwurf. Die ecuadorianische Seite war völlig unzureichend vorbereitet – und das, obwohl sie bis heute immer wieder zum Thema Freihandel geschult wird. Das ist schon erschreckend.

Idealismus als Motor

Schon in meiner Schulzeit wollte ich etwas in der damals sogenannten „Dritten Welt" machen. Damals war ich sicher noch viel idealistischer als heute. Aber ich denke, wenn gar nichts von diesem Idealismus bleibt, sollte man lieber im Schwarzwald arbeiten als in einem Entwicklungsland. Die EZ ist auf konstruktive Veränderungen, auf gegenseitiges Verständnis und auf den Menschen ausgerichtet.

Jetzt bin ich für den DED sogenannte Entwicklungshelferin (EH). Damit verbindet sich ein bestimmter Rechtsstatus. Dabei finde ich grundsätzlich gut, dass EHs zeitlich befristet beschäftigt sind. Meiner Meinung nach sollte man im Entwicklungsdienst nicht verrentet werden. Allerdings besteht für viele Kollegen und Kolleginnen „draußen" das große Problem, dass der deutsche Arbeitsmarkt sie nach ihrem Auslandseinsatz nicht mehr aufnimmt. In der deutschen Industrie gilt eine heimliche Regel: „Zwei Jahre Auslandserfahrung sind gut, drei Jahre optimal – und alles darüber hinaus stellen wir nicht mehr ein". Diese Ausgrenzung führt dazu, dass viele Kollegen versuchen, immer länger im Ausland zu bleiben. Sie hüpfen von einem Land ins andere, und irgendwann kommt der Zeitpunkt, an dem die Entsendeorganisationen als inhuman empfunden werden, weil sie einer Fachkraft in den letzten Berufsjahren ihren Vertrag nicht mehr verlängern.

Zukunftsaussichten

Die EU-Mitgliedsländer haben vor kurzem noch einmal bekräftigt, ihre EZ-Ausgaben auf das Ziel von 0,7% des BSP aufzustocken. Dies käme in den meisten Ländern mehr als einer Verdoppelung ihrer bisherigen EZ-Ausgaben gleich. Selbst wenn wir dieses Ziel erreichen, bedeutet dies für die personelle EZ jedoch nicht automatisch eine höhere Zahl entsandter Fachkräfte. Denn es besteht die Tendenz, mehr einheimisches Personal einzustellen, nicht zuletzt aufgrund politischer Forderungen der betroffenen Länder, die – teilweise zu Recht – allergisch darauf reagieren, sich viel vorschreiben zu lassen und kontrolliert zu werden. Wenn man die wahren Kosten aufdeckt, die eine ausländische Fachkraft verursacht, würden viele Projektträger vermutlich diese finanzielle Unterstützung einer personellen Zusammenarbeit vorziehen.
Meiner Meinung nach ist die gründliche Kontrolle der Mittelverwendung aber nicht nur ein Herrschaftsinstrument. Sie dient auch der Rechtfertigung gegenüber denjenigen, die das Geld gegeben haben, im Fall der öffentlichen EZ also gegenüber den deutschen Steuerzahlerinnen und Steuerzahlern. Die öffentlichen Gelder, die wir für unsere Volkshochschule in Deutschland bekamen, wurden wesentlich strenger kontrolliert als die Mittel, die der DED seinen Projektpartnern im Ausland zukommen lässt.
Ich würde gerne weiterhin in der EZ arbeiten, zum einen, weil es ein auf Humanisierung und positive Entwicklung hin ausgerichtetes Arbeitsfeld ist. Zum anderen wird in dem Bereich, in dem ich bis zu meiner Ausreise gearbeitet habe – der öffentlichen Erwachsenenbildung – viel zu viel gespart. Sinnvolle Bildungsangebote jedes Jahr weiter zusammenzustreichen, macht mir wenig Spaß. Seit Jahren muss die öffentliche Erwachsenenbildung ständig ihre eigene Existenz rechtfertigen, obwohl sie sinn-

volle Veränderungen anstößt. Das ist sehr anstrengend und auf Dauer zermürbend.
Was meine persönliche Beschäftigungssituation angeht, bin ich privilegiert, da ich beurlaubt bin. Ich kann also meine Arbeit als pädagogische Mitarbeiterin einer VHS nach meiner Rückkehr wieder aufnehmen.

Paul Lander - Tunesien, Jemen

„Ich habe festgestellt, dass der Erfolg eines längeren Auslandsaufenthaltes mit Familie im wesentlichen von der Frau abhängig ist."
Paul Lander

Name	Paul Lander
Familienstand	verheiratet, drei Kinder (7, 9 und 16 Jahre)
Nationalität	deutsch
Beruf	Meister Elektrotechnik Nachrichtentechnik, Unteroffizier
Institution	Bundeswehr
Ausreiseland	Jemen
Aufgabenbereich	Medizintechnik
Auslandserfahrungen	Jugoslawien, Tunesien
Interview	Das Interview führte Simone Holzwarth.

Von Beruf Soldat

Ich bin geborener Schwabe und habe eine Ausbildung zum Elektroinstallateur gemacht. Danach bin ich zur Bundeswehr gegangen, weil ich mir gesagt habe: das kann nicht alles gewesen sein, die ganze Zeit nur Schlitze zu klopfen.
Bei der Bundeswehr wurde ich zum Raketenelektronikmechaniker ausgebildet und habe lange Jahre Panzerabwehrwaffen instand gesetzt. Nach

Abschluss meiner Feldwebel- und Meisterausbildung wurde ich Berufssoldat. Nach der Wende wurde ich oft innerhalb von Deutschland versetzt, aber auch mal schnell nach Jugoslawien, wofür ich eine spezielle Ausbildung zur Klimaanlageninstandsetzung gemacht hatte. Nach fünf Versetzungen hatte die Familie genug davon, dauernd versetzt zu werden, und ich suchte eine Stelle, an der ich längere Zeit bleiben konnte, und diese Stelle bot sich mir in Tunesien.

Reiz der Veränderung

Ich wollte mal wieder für längere Zeit an einem Platz sein. Durch die Wende kam es eben so, dass ich als Unteroffizier und Spezialist mehr oder weniger meinen Stellen hinterher reisen musste. Es kam zu ständigen Wechseln, und Stellen wurden knapper. Ich hatte auch Lust, mal was anderes und was Neues zu machen und dabei ein paar Jahre an einem Platz bleiben zu können. Ich bin eben auch offen für Neues. Es war der Reiz der Veränderung.

Bundeswehr und Entwicklungszusammenarbeit

Insgesamt ist die Bundeswehr in elf afrikanischen und zwei asiatischen Staaten mit ca. 50 Helfern tätig. Wir arbeiten dort in militärischen Bereichen, wo Zivilisten nicht so einfach hinkommen.
Die Aufgaben erstrecken sich von Tiefbrunnenbohrung über Medizintechnikprojekte bis zu Berufsausbildungszentren. Der Vorteil der Bundeswehr dabei ist, dass sie so viele Spezialisten und entsprechendes Gerät hat, zusätzlich die Luftwaffe, welche die Geräte an den entsprechenden Ort transportieren kann und Spezialisten, welche die Geräte bei Bedarf reparieren können. Dies alles miteinander vereint ist eine wirksame Kombination für die Arbeit, welche die Bundeswehr in speziellen Bereichen, vor allem im Bereich des Militärs, ausübt.
Das Auswärtige Amt trägt die finanzielle und politische Verantwortung. Die Durchführung und das Personal liegt im Bereich des Verteidigungsministeriums. Die Aufgaben der Bundeswehr in der EZ sind sehr wenig bekannt.

Medizintechnik in Tunesien

Ich bin dann für sechs Jahre mit meiner Familie nach Tunesien gegangen und hatte dort eine sehr interessante Tätigkeit im Bereich Medizintech-

nik. Die Projekte in Zusammenarbeit mit dem Militär dienen der Landesentwicklung dadurch, dass Blutkonserven zu günstigen Preisen an die Bevölkerung abgegeben werden können und qualitativ hochwertige und bezahlbare medizinische Versorgung für alle ermöglicht wird.
In Tunis war ich zuständig für die technische Generalüberholung der Blutbank und in Gabes, im Süden des Landes, für die technische Ausstattung des Militärhospitals, das auch der Versorgung der Armen am Rand der Wüste dient. Die Schwerpunkte in Gabes waren die Einrichtung der Wäscherei, einer Hospitalküche und einer Wasser-Aufbereitungsanlage, später dann die Wartung, Pflege und Instandsetzung. In der Blutbank wurden neue Kühlfahrzeuge, Zentrifugen, Edelstahlverrohrungen, eine Reinstwasseranlage und Ähnliches angeschafft.
Später wurden diese Projekte aus dem Programm genommen und nur noch nachbetreut. Ich übernahm den Bereich Elektrotechnik im Berufsausbildungszentrum Bizerte. In beiden Berufsausbildungszentren können tunesische Wehrpflichtige die Möglichkeit nutzen, während ihrer Wehrdienstzeit eine Ausbildung in handwerklichen und technische Berufen zu machen, mit der sie nach ihrer abgeleisteten Wehrpflicht sehr gute Voraussetzungen für eine Festeinstellung in zivilen Firmen haben. Tunesien als Einsteigerland war genau richtig und jetzt geht es weiter mit dem Jemen.

Die richtige Frau

Ich habe festgestellt, dass der Erfolg eines längeren Auslandsaufenthalts mit Familie im wesentlichen von der Frau abhängig ist. Da der Mann arbeiten geht, muss die Frau zu Hause alles regeln. Die Frau muss die Sprache können, um sich in ihrem neuen Umfeld zurechtfinden zu können, die Kinder bei ihren Umstellungsproblemen mit Freunden, Sprache und Schule zu betreuen und eventuell vorhandene Hausangestellte zu führen.
Und für diese ganzen Aufgaben habe ich wirklich die richtige Frau gefunden. Ich kenne einige Familien, in denen die Frau sich in dem Land nicht wohlgefühlt hat, die Sprache nicht sprechen konnte und sehr distanziert war. Dies strahlt auf die Kinder ab und dann haben auch die Kinder keine Lust, die fremde Sprache zu lernen, und so kommt es zu massiven Problemen mit der Schule.

Die Kinder profitieren am meisten

Vor drei Wochen bekam ich die Möglichkeit, in den Jemen zu gehen. Wir waren Interesse halber im Mai im Jemen, um einen Eindruck von dem Land zu bekommen und um die letzten Zweifel einer Mutter zu beseitigen, dort nicht leben zu können. Dann ging alles ganz schnell: Das »Ja« meiner Frau, eine Bewerbung Ende Mai, eine Zusage am 10. Juni, landeskundliche Vorbereitung Mitte Juni und jetzt noch eine gute Sprachausbildung. Und im August geht es wieder los.

Für die Kinder ist es jetzt natürlich nicht einfach. Die haben gerade in Deutschland wieder Anschluss gefunden, kennen die Gegend und jetzt müssen sie sich schon wieder loseisen. Aber ich denke, dass die Kinder wieder, wie wir es bei unserem letzten Auslandsaufenthalt erlebt haben, am meisten profitieren, weil sie sprachlich gefördert, weltoffen erzogen und gut betreut werden. Sie kennen keine »Ausländer« oder Rassen oder irgend so etwas. Das finde ich positiv.

Ursprüngliches Jemen

Es reizt mich, in ein anderes Land zu gehen, das auch noch ursprünglicher ist als Tunesien, in dem es weniger Tourismus und Einfluss aus dem Westen gibt, neue interessante Projekte und eine hoffentlich bessere Schulausbildung meiner Kinder.

Es ist für mich auch eine große Chance, noch einmal im Ausland arbeiten zu dürfen. Das ist bei der Bundeswehr anders als bei der GTZ oder CIM, wo die Leute zum Teil sehr lange im Ausland arbeiten. Eigentlich gibt es nur eine Verwendung und jetzt so eine Chance so schnell nach der Rückkehr wieder zu bekommen – da muss man einfach zuschlagen.

Ich werde auch im Jemen in der Umrüstung und Ausstattung von Krankenhäusern arbeiten. Ein großes Problem im Jemen ist die Hygiene. Infektionen aufgrund unreiner Abdecktücher sind dort nicht selten. Notfallambulanzen sind meist nicht gut ausgestattet. Dies werden meine Schwerpunkte sein.

Albèrt Roger Njoume Ekango – Burkina Faso

„Wenn es schon von außen Menschen gibt, die sich für Afrika einsetzen, wie viel mehr ist es dann meine Aufgabe!"
Albert Roger Njoume Ekango

Name	Albèrt Roger Njoume Ekango
Familie	verheiratet, ein Kind (* 2000)
Nationalität	kamerunisch
Beruf	Promovierter Jurist
Institution	Deutscher Entwicklungsdienst (DED)
Gastland	Burkina Faso
Aufgabenbereich	Beratung von Nichtregierungsorganisationen bei der Erarbeitung von Armutsbekämpfungsstrategien
Auslandserfahrungen	In Kamerun aufgewachsen, danach 15 Jahre Aufenthalt in Deutschland
Interview	Das Interview führte Simone Holzwarth.

Ein Kameruner in Zwickau

Ich komme aus Kamerun in Zentralafrika. Dort habe ich gelebt, bis ich 21 Jahre alt war. 1991 habe ich dort Abitur gemacht und wurde danach in das Stipendiatenprogramm der Regierung von Kamerun aufgenommen. Dadurch konnte ich in Deutschland studieren.

1991 kam ich mit einer Gruppe von anderen Kamerunern nach Deutschland, Zwickau. Nach einem Sprachkurs habe ich mein Studium an der Universität Leipzig begonnen. Ich habe dort Jura studiert und danach promoviert. Bis 2002 war ich in Leipzig für das Studium und die Promotion. Ich habe über Konflikte in Afrika promoviert, genauer gesagt über völkerrechtliche Fragen der Einmischung in die Konflikte in Sierra Leone, in der demokratischen Republik Kongo und Guinea-Bissau. Ab 1999 habe ich parallel zu meiner Promotion mit meiner Ausbildung zum Referendar begonnen. Einen Teil dieser Ausbildung habe ich bei der Deutschen Stiftung für Entwicklung (DSE) gemacht. Im Dezember 2001 habe ich dann meine Ausbildung mit dem 2. juristischen Staatsexamen und der Verteidigung meiner Promotion abgeschlossen.
Ab 2002 habe ich in Bonn beim Zentrum für Europäische Integrationsforschung (ZEI) als wissenschaftlicher Mitarbeiter gearbeitet. Dort hatte ich zwei Aufgabenfelder: zum einen Forschungsarbeit und zum anderen Projektarbeit. Im Rahmen der Projektarbeit habe ich beispielsweise in der Förderung der Dialogkultur zwischen israelischen und palästinensischen Fachkräften gearbeitet, finanziert von der GTZ und unterstützt vom BMZ. Ich hatte auch Projekttätigkeiten in Zusammenarbeit mit der Friedrich-Ebert-Stiftung zum Thema Medien und EZ und habe mit der GTZ zusammengearbeitet. Parallel zu meiner Tätigkeit am ZEI habe ich auch in der Privatwirtschaft gearbeitet, bei T-Mobile International in der Abteilung Public and Regulative Affairs. Bis zu meiner Einstellung beim DED war ich bei der Telekom-Zentrale in der politischen Interessenvertretung tätig. Den Vertrag habe ich für die Stelle beim DED gekündigt – was ja auch einiges über meine Begeisterung für die mir bevorstehende Tätigkeit aussagt.

Kulturschock Deutschland

Meine bisherige Auslandserfahrung ist vor allem die in Deutschland. Im Rahmen der Projektarbeit war ich für einige Wochen in Israel und in den palästinensischen Gebieten und öfter in anderen europäischen Ländern.
In Deutschland war es nicht so einfach, mich hier einzuleben. Besonders die erste Zeit war furchtbar. Zunächst der Schock, als ich hier ankam und das erste Mal Temperaturen von unter 20 Grad erlebte. Wir wollten gar nicht aus dem Flughafengebäude hinaus gehen. Und dann das Essen! Am ersten Abend bekamen wir Schwarzbrot serviert und ich musste hungrig

ins Bett gehen, weil ich dieses Zeug einfach nicht schlucken konnte. Aber man muss aus dem, was man hat, immer das Beste machen.
Ich versuche mich, da wo es mir nicht weh tut und ohne mich zu verstellen, an die deutschen Gepflogenheiten anzupassen. Auf der Straße und in Gemeinschaft bin ich eher deutsch, und in meiner Wohnung und in meiner Familie bin ich Kameruner. Es gibt aber auch Situationen, in denen ich eindeutig eine Grenze meiner Anpassungsmöglichkeiten sehe.

Armutsbekämpfung in Burkina Faso

Ich werde in Burkina Faso in der Hauptstadt Ouagadougou im Bereich Armutsbekämpfung / PRSP (Poverty Reduction Strategy Paper) arbeiten. Ich bin damit beauftragt, ausgewählte Organisationen der Zivilgesellschaft zu koordinieren, die bei der Ausarbeitung der PRSP für Burkina Faso mitarbeiten. Diese Partizipation ist elementarer Bestandteil des PRSP-Prozesses. Es geht bei meiner Arbeit darum, das PRSP zu überarbeiten, die Mittelverwendung zu betreuen.
Der Hintergrund ist folgender: Durch die Entschuldungsinitiative von 1999 beim Kölner Gipfel der Weltbank hat man die Strategie geändert. Es gibt jetzt keine Strukturanpassungsprogramme (SAP) von IWF und Weltbank mehr. Man kam zu der Einsicht, dass diese SAP zu nichts geführt haben. Man wollte das sogenannte „ownership" der Entwicklungsländer stärken. Jetzt identifizieren die Länder, die entschuldet werden sollen, selbst in einem partizipativen Prozess ihre Prioritäten in der Armutsbekämpfung. Daraus entsteht dann das PRSP, das von Weltbank und IWF überprüft wird. Wird das Papier angenommen, dann setzt das sogenannte HIPC-Verfahren (Heavily Indebted Poor Countries- Hoch verschuldete arme Länder) ein. Die Idee dabei ist, dass die Mittel, die durch eine Entschuldung frei werden, im Land für Entwicklungsmaßnahmen eingesetzt werden. Das Geld muss zielgerichtet im Sinne des PRSP eingesetzt werden.
Es ist ein Problem, dass manche Länder den Prozess der Identifizierung der Ziele der Armutsbekämpfung nicht als „country ownership" bearbeitet haben, sondern als „government ownership" ohne die Beteiligung der Bevölkerung. Burkina Faso hat im Jahr 2000 sein PRSP sehr schnell vorgelegt und es wurde angenommen, obwohl die Bevölkerung an seiner Erarbeitung kaum beteiligt war. Doch es gab viel Kritik an dieser Vorgehensweise und so soll nun eine Überarbeitung durchgeführt werden.

Meine Aufgabe dabei wird sein, die Organisationen dabei zu beraten, jetzt in den Prozess des Monitoring einzusteigen.
Ich freue mich auf meine Arbeit in einem afrikanischen Land. Allerdings befürchte ich, dass es Probleme mit den politischen Entscheidungsträgern in Burkina Faso geben wird, und dass sie wenig Bereitschaft zur Kooperation zeigen werden. Wer die Politik in Afrika verfolgt, weiß, dass die Machthaber in einigen Ländern ein ziemlich gestörtes Verhältnis zu ihrer Bevölkerung haben. Die Regierungen entscheiden alles und die Bevölkerungen haben es zu schlucken. Jetzt ist die Situation aber so, dass in diesem Fall die Partizipation der Bevölkerung von den Regierungen erwartet wird. Das ist für mich eine interessante Situation.

EZ als Fortführung des Kolonialismus?

Wer so etwas behauptet, der hat sich meiner Meinung nach in der Wortwahl vergriffen. Das ist eine gewagte These. Natürlich gibt es viel zu kritisieren in der EZ. Aber dennoch muss man neidlos feststellen, dass eine Entwicklung stattgefunden hat. Besonders deutlich ist ein Wandel festzustellen in Richtung „ownership". Das bedeutet, dass die Eigenverantwortlichkeit der Partner ein erklärtes Ziel der deutschen EZ ist. Die Entwicklung muss von innen heraus kommen, nicht von außen.
Uns wurde auch gleich zu Beginn unseres Inhouse-Trainings (Vorbereitungskurs des Deutschen Entwicklungsdienstes) beigebracht, dass wir in ein Projekt gehen, um zu unterstützen, nicht, um zu helfen. Das ist ein wichtiger Unterschied. Und wenn man das ernst nimmt, dann stimmt dieser Vorwurf, EZ sei Kolonialismus, auch nicht. Anspruch und Realität kommen auch in der EZ nicht immer zusammen. Und so hat die EZ auch zu kontraproduktiven Wirkungen geführt. Doch es wurden daraufhin neue Konzepte entwickelt, wie beispielsweise das „do no harm" – Konzept, das besagt, dass man alle seine Tätigkeiten auf ihre Wirkung hin überdenkt, um negative Folgen möglichst auszuschließen. Man mag das alles als Schlagworte bezeichnen, aber es ist schon eine Glanzleistung, dass es diese Konzepte überhaupt gibt.

Blick von Aussen und Innen

Für mich ist der Grund, warum ich mich für das Berufsfeld entschieden habe, meine Herkunft. Ich bin in Afrika aufgewachsen und kenne das Leid dort. Das hat meine Denkweise bis heute geprägt. Ich wollte von

Anfang an nach meiner Ausbildung etwas für mein Land tun. So habe ich während meines Studiums schon immer eine internationale Ausrichtung gesucht und auch im Bereich des Völkerrechts promoviert. Dazu kam meine Tätigkeit bei der DSE (Deutsche Stiftung für internationale Entwicklung) und beim BMZ (Bundesminsterium für Wirtschaftliche Zusammenarbeit), wo ich sechs Monate im EU-Referat war. Dort habe ich die politische Gestaltung der deutschen EZ verinnerlicht, genauso wie bei meinen anderen Tätigkeiten für die GTZ und Stiftungen. Ich dachte mir: „Wenn es schon von außen Menschen gibt, die sich für Afrika einsetzen, wie viel mehr ist es dann meine Aufgabe!" Nun kann ich nicht direkt in meinem Land arbeiten. Das ist die policy des DED, da sonst zu viele Komplikationen auftreten könnten, familiäre Verpflichtungen zum Beispiel. Aber ich denke mir: „Was immer ich für ein Land in Afrika mache, das mache ich für den ganzen Kontinent".

Ich sehe viele Vorteile in meiner bisherigen Laufbahn, die mich für eine solche Tätigkeit qualifizieren. Zum einen habe ich einen Blick von außen, dadurch, dass ich auch in der Wirtschaft gearbeitet habe und Jurist bin. Zum anderen kenne ich die Denkweise der Afrikaner und auch der Geber. Ich kann mich in beide Positionen hineinversetzen.

Ich kann mir schon vorstellen, weiterhin im Berufsfeld EZ zu arbeiten. Das war von Beginn meiner Ausbildung an mein Ziel. Ich würde auch gerne in Afrika bleiben, wenn ich das Gefühl habe, dort wirklich sinnvolle Arbeit zu leisten.

Christina Janssen – Indien

„Ich sehe das Leben derer, die immer nur in Auslands-Projekten unterwegs sind, als schwierig an."
Christina Janssen

Name	Christina Janssen
Familienstand	Verheiratet, drei Kinder (2 Monate, 4 und 6 Jahre)
Ausbildung	Studium der Politikwissenschaft und Germanistik (Magister und Lehramt), Aufbaustudium Management, Zusatz-Ausbildung zur Mediatorin und in Systemischer Beratung
Beruf	Freie Trainerin und Beraterin für Organisations- und Personalentwicklung
Gastland	Indien
Auslandserfahrungen	Ecuador, USA
Interview	Das Interview führte Simone Holzwarth

Über Ecuador nach New York

Ich habe Politikwissenschaft und Germanistik studiert, sowohl auf Lehramt als auch auf Magister. 1996 habe ich Examen gemacht. Während meines Studiums habe ich viele Praktika gemacht, vor allem im EZ-Bereich, beim BMZ, beim Bundestag und der GTZ zum Beispiel. Das

letzte Jahr meines Studiums habe ich für meine Magisterarbeit in Ecuador verbracht und habe dort für die Vereinten Nationen, für die Friedrich-Ebert-Stiftung und das Goethe-Institut gearbeitet. Das war der Weg, der mich zur UN nach New York geführt hat, wo ich im Generalsekretariat fünf Jahre lang gearbeitet habe.
Andreas habe ich aus Deutschland dann sozusagen nach New York „importiert". In New York wurden dann unsere Kinder geboren, Lea 1999 und Paul 2001. Ich habe die ganze Zeit voll weitergearbeitet. Wir haben lange überlegt, ob wir wieder nach Deutschland zurückgehen sollen, das war Ende 2001 vor den Anschlägen des »Elften Septembers«, und wir haben uns dann letztlich dafür entschieden. Andreas hatte hier das Jobangebot des BMZ, und ich bin erst mal beruflich ins Leere gesprungen und habe mich dann selbstständig gemacht. Am Anfang meiner Selbstständigkeit habe ich vor allem im EZ-Bereich gearbeitet, und vor einem Jahr habe ich mich beruflich neu orientiert und arbeite jetzt vor allem für private Unternehmen.
Mir war es dabei wichtig, für die Leute zu arbeiten, die mich letztlich auch dafür bezahlen. Die Motivation für Veränderung ist dabei größer und die Arbeit befriedigender. Ich arbeite vor allem im Bereich interkulturelle Kommunikation (USA, Osteuropa, Lateinamerika), Konfliktmanagement und Diversity-Fragen (Gender, Kultur). Das mache ich für internationale Unternehmen, ab und zu auch für InWEnt. Vor zwei Monaten ist unser drittes Kind geboren.

Nestbau versus Ausreise nach Indien

Jetzt bin ich in einer ganz anderen Situation als damals, als ich diejenige war, die beruflich ins Ausland gegangen ist. Ich bin mitausreisende Partnerin. Ich sehe dem mit gemischten Gefühlen entgegen. Auf der einen Seite freue ich mich natürlich riesig darauf, wobei diese Vorfreude erst jetzt eingesetzt hat. Während der Schwangerschaft war ich alles andere als begeistert von den Plänen, nach Indien zu fahren. Da war ich eher auf Nestbau ausgerichtet und wünschte mir ein ruhiges Familienleben in einem Reihenhäuschen in Kessenich (Bonn). Ich war noch nie in Asien, und Indien ist für mich ein völlig unbekanntes Land. Andererseits war auch klar, dass, wenn wir einen Auslandsaufenthalt machen möchten, dann jetzt oder nie, da die Kinder noch klein sind. Lea kommt in Indien in die Schule. Ich dachte mir dann: „Wenn das Kind dann da ist, werde

ich schon Lust kriegen auf Abenteuer" – und so war es dann auch.
Mir ist es davor schon sehr schwer gefallen, mit so vielen Unbekannten wie Geburt, Arbeit, Leben mit drei Kindern und so weiter umzugehen. Ich war noch nie mit Familie in einem Entwicklungsland. Das wird sicher eine interessante Erfahrung. In Delhi werden wir uns wohl auch unweigerlich in einer »international community« befinden und die Frage ist, inwieweit man das will. Aber die Möglichkeit ist da und es ist auch beruhigend, dass man es im Zweifel in Anspruch nehmen kann.
Für mich ist die Frage, wie es beruflich bei mir weiter geht. Die Entscheidung für Indien fiel in der Zeit, in der es beruflich bei mir nicht so gut gelaufen ist und ich dachte: „Naja, dann kann ich auch ins Ausland gehen." Und wie das so ist: bevor man geht, läuft es dann so richtig gut. Ich hatte jetzt viele spannende Aufträge und das tut schon weh, das einfach hinter mir zu lassen. Auf der anderen Seite denke ich, dass es ein Potential sein kann, das ich aber noch nicht abschätzen kann. Ich werde oft für Trainings für Asien angefragt. Die Entscheidung für Delhi fiel auch, weil ich mich dort auch beruflich entwickeln kann, was in Namibia, das auch noch zur Diskussion stand, wahrscheinlich schwieriger geworden wäre.

EZ: Ein- oder Aussteigen?

Ich bin gerade wieder ausgestiegen aus dem Berufsfeld EZ und habe eigentlich auch nicht vor, wieder einzusteigen. Eingestiegen bin ich über Praktika, vor allem über meine Arbeit in Ecuador. Vor Ort ist es eben viel einfacher, an die Leute ranzukommen und so kam ich dann schließlich zur UN. EZ als Berufsmodell von Deutschland aus sehe ich für mich als problematisch an, aber es könnte schon sein, dass, wenn es vor Ort in Indien ein spannendes Projekt gibt, ich dann Lust bekomme und auch wieder in die EZ einsteige. Ich sehe auch das Leben derer, die immer nur in Auslands-Projekten unterwegs sind, als schwierig an. Ich könnte mir das nicht vorstellen. Auch wenn ich keine Kinder hätte.

Andreas Selmeci – Kambodscha

„Versöhnung ist nicht möglich, ohne Wahrheit über Verbrechen."
Andreas Selmeci

Name	Andreas Selmeci
Familienstand	verheiratet, zwei Kinder
Nationalität	schweizerisch
Beruf	Redakteur, Menschenrechtler
Institution	Deutscher Entwicklungsdienst (DED), Ziviler Friedensdienst (ZFD)
Partnerland	Kambodscha
Aufgabenbereich	Beratung einer Menschenrechts-Nichtregierungsorganisation
Auslandserfahrungen	Namibia, Deutschland
Interview	Das Interview führte Simone Holzwarth.

Ein Schweizer aus Basel

Ich bin Schweizer und stamme aus Basel. Ich habe Germanistik, Philosophie und Kunstgeschichte in Basel und München studiert, bin verheiratet mit einer Chemieingenieurin und habe zwei Kinder, sechs und vier Jahre alt.

Meine erste, studienbegleitende Berufstätigkeit war Erwachsenenunterricht in Deutsch als Fremdsprache. Damals hatte ich Schülerinnen und

Schüler aus allen Teilen der Welt. Nach meiner Promotion habe ich mich zum Fachzeitschriftenredakteur weitergebildet und war dann anschließend gleich als Redakteur für die Zeitschrift „Pogrom" der Menschenrechtsorganisation Gesellschaft für bedrohte Völker (GfbV) tätig.
Bei der GfbV wurde ich nach drei Jahren stellvertretender Leiter und habe dort zu verschiedensten Themen gearbeitet: Tschetschenien, Kurden, Kosovo-Albaner. Danach war ich drei Jahre im Diakonischen Werk der EKD als Menschenrechtler in deren internationalen Programmen tätig.

Lobbyarbeit in Kambodscha

Ich war noch nie längere Zeit im „Ausland", wenn man den „Süden" dafür als Maßstab nimmt. Aber ich bin seit 12 Jahren im Ausland, nämlich in Deutschland. Ich war einmal für einen sechswöchigen Forschungsaufenthalt in Namibia für ein Buch, das ich gemeinsam mit einem namibischen Historiker geschrieben habe. Ich bringe daher keine wirkliche Auslandserfahrung für die bevorstehende Aufgabe mit. Ich bin ein Quereinsteiger in die EZ und werde jetzt für den DED nach Kambodscha gehen im Rahmen des Zivilen Friedensdienstes.
Ich werde eine kambodschanische Menschenrechtsorganisation in deren nationaler und internationaler Öffentlichkeits- und Lobbyarbeit beraten. Dafür bringe ich einige Erfahrung mit, da ich in diesem Bereich gearbeitet habe. Ich habe in meinem bisherigen Berufsleben auch das Zusammenarbeiten in Netzwerken gelernt, unter anderem als Mitglied des Koordinierungskreises des „Forums Menschenrechte", dem Dachverband von mehr als 40 deutschen Organisationen, die in der Menschenrechtsarbeit aktiv sind. Auch mit allen größeren internationalen Menschenrechtsorganisationen habe ich in wechselnden Konstellationen schon zusammen gearbeitet.
Meine kambodschanische Partnerorganisation ist relativ jung und hat bisher viel Beratung aus den USA genossen und viel dabei gelernt. Ich bin dazu ein bisschen ein Kontrastprogramm und die Organisation wünscht sich neue Impulse. Man sieht Nebeneffekte dieses einseitigen Beratungsprozesses mit Beratern aus einem bestimmten Kulturkreis. Diese Nebeneffekte sind zum Beispiel, dass man auf der Website der Organisation unterstützende Briefe beider großer US-amerikanischer Parteien findet, doch man findet nichts über Kontakte der Organisation zu den Vereinten Nationen oder zur EU. Die Kontakte zu den USA sind wichtig und ein

großer Schutz für die Organisation, aber auf die Dauer ist es zu einseitig, nur Kontakte zu einem Land zu haben. In der Menschenrechtsarbeit muss man breit vernetzt sein. Man muss seine eigene Rolle gut kennen und wissen, was man genau einbringen will, aber es ist dann auch wichtig, in alle Richtungen Kontakte zu pflegen. Die Organisation ist noch relativ jung und da ist es auch nicht weiter überraschend, dass sie die Arbeit von der einen Seite her angegangen ist.

Die andere Seite kennenlernen

Ich freue mich auf den Auslandsaufenthalt. Wie gesagt, es ist für mich das erste Mal. Viele Jahre lang sind verschiedene Delegationen aus dem Ausland zu den Organisationen, in denen ich gearbeitet habe, gekommen. Und jetzt finde ich es einmal interessant, die andere Seite kennen zu lernen. Nicht einfach nur, um wohlgemeinte Ratschläge rüber zu schicken und um abzuwarten was passiert, sondern direkt die Folgen des eigenen Handelns dort mit zu bekommen. Menschenrechtsarbeit kann im schlimmsten Fall ja auch zu Schwierigkeiten für eine Organisation führen, die man erst vor Ort sieht. So bekommen manche Kollegen auch Drohungen für ihre Menschenrechtsarbeit.

Ich gehe mit meiner Familie und ich hoffe, dass es auch meiner Frau dort gefällt. Primär geht meine Familie wegen mir, weil ich dort diesen EZ-Job habe. Jetzt ist meine Frau eine „MAP", eine mitausreisende Partnerin, wie es in unserem Jargon so schön heißt, und ich hoffe, sie findet neben der Betreuung der Kinder dort etwas, was sie herausfordert, damit sie auch etwas hat, wofür sich die weite Reise nach Asien für sie lohnt.

Als Quereinsteiger in die EZ

Wie gesagt, ich bin ein Quereinsteiger. Ich hätte es auch nicht gemacht, wenn nicht die Aufgabe der Beratung einer Menschenrechtsorganisation so spezifisch auf mich gepasst hätte. Von vielen anderen Aufgaben, was Entwicklungshelfer so machen, verstehe ich nicht viel.

Ich finde es dabei ganz toll, dass das Instrument des ZFD (Zivilen Friedensdienstes) existiert und dass die EZ eingesehen hat, dass es unter Umständen nicht viel Sinn hat, bestimmte materielle Neuerungen in einem Land einzuführen, wenn der Frieden dort nicht gesichert ist, und die Umsetzung der Menschenrechte also ein fester Bestandteil der Entwicklung eines Landes zu sein hat. Versöhnung ist nicht möglich ohne

Wahrheit über Verbrechen, beispielsweise während eines Bürgerkrieges. Bei meinem persönlichen Engagement für die Menschenrechte ist es von großer Bedeutung, dass ich zum Teil jüdischer Abstammung bin und mein Vater seine Eltern durch die Shoa verloren hat. Für andere mögen ähnliche Erfahrungen oder eine stark empfundene Solidarität mit den Opfern von Menschenrechtsverletzungen der Grund sein, warum die Zivilen Friedensdienste ein interessantes Feld der EZ sind.

Menschenrechte als Motor für Entwicklung

Der Menschenrechtsansatz hat in der EZ gerade Konjunktur. Da kommt es vor, dass sich Organisationen auf einmal mit diesem Begriff schmücken und zum Beispiel behaupten: „Ja, das Recht auf Nahrung, dafür haben wir uns schon immer eingesetzt, wir arbeiten ja schließlich in der ländlichen Entwicklung für nachhaltige Landwirtschaft." Dem ist aber nicht so.

Der Menschenrechtsansatz sieht vor, die Bevölkerungen gegen Herrscher und Eliten zu unterstützen, die Umsetzung der Menschenrechte bei ihren Regierungen selbst einzufordern. Zum Beispiel sagte man früher: „Die Menschen haben Durst, also bauen wir einen Brunnen." Das war vielleicht die erste Phase der Entwicklungshilfe. Danach kam der Hilfe-zur-Selbsthilfe-Ansatz, da man die Menschen nicht entmündigen wollte und man sagte: „Die Menschen sollen sich selbst Brunnen bauen". Der Menschenrechtsansatz dagegen geht noch einen Schritt weiter und besagt: „Brunnenbau ist eine staatliche Aufgabe. Der Staat soll endlich seinen Verpflichtungen nachkommen und für die Menschen Brunnen bauen". Dann hilft man den Menschen, sich gegenüber ihrem Wasserministerium durchzusetzen, dass es genügend Brunnen gibt. Dieser Ansatz kann nicht überall funktionieren, aber in bestimmten Situationen ist es angemessen, so zu arbeiten.

Entwicklungsland Deutschland

Meiner Meinung nach sollte man in jedem Land, in dem es EZ gibt, sicherstellen, dass Menschenrechtsbildung dort stattfindet, dass die Menschenrechte ein fester Teil der Lehrpläne an den Schulen sind.

Doch wenn wir jetzt wieder einen Schwenk nach Deutschland machen, dann müssen wir leider feststellen, dass hier in keinem Bundesland die Menschenrechte elementarer Bestandteil der Curricula sind. Wir haben

zwar je nach Bundesland einen Religions- oder „Werteunterricht", aber es wird den jungen Menschen nicht unmittelbar vermittelt: „Ihr seid als Menschen unmittelbare Träger unveräußerlicher Rechte". Das muss zu denken geben!
Umfragen haben ergeben, dass 60% der Jugendlichen in Deutschland mit dem Begriff der Menschenrechte nicht viel anfangen können. Spitz gesagt ist Deutschland also selbst ein Entwicklungsland hinsichtlich eines Bewusstseins für die Menschenrechte. Es gibt hier viel zu tun. Vielleicht werde ich in ein paar Jahren hierher zurückkommen und habe aus meiner Arbeit in anderen Ländern neue Impulse für die Menschenrechtsarbeit bekommen, die ich hier bei uns einbringen möchte.

Susanne Thiel – Afghanistan, Pakistan ...

„Besonders in sogenannten Nachkriegsländern ist das Leben und Arbeiten oft besonders schwierig."
Susanne Thiel

Name	Susanne Thiel
Familienstand	verheiratet
Nationalität	deutsch
Beruf	Studium der Ethnologie, Psychologie und Kommunikationsforschung
Institution	Nach mehreren Auslandseinsätzen jetzt freie Gutachterin für Projekte der Entwicklungszusammenarbeit, Auftraggeber v.a. InWEnt, GTZ
Auslandserfahrung	Pakistan, Afghanistan
Interview	Das Interview führte Ulrike Bartels (digital).

Pendeln zwischen Pakistan, Deutschland und Afghanistan

1960 erblickte ich in Lippstadt, dem Herzen des Westfalenlandes, das Licht der Welt; verließ diesen idyllischen Flecken an der Lippe aber bereits nach dem Abitur mit 19 Jahren, um in Bonn und Köln Ethnologie, Psychologie und Kommunikationsforschung zu studieren. Das Studium verdiente ich mir durch verschiedene Jobs, blieb dann aber viele Jahre bei

der Deutschen Krebshilfe ‚hängen' und lernte viel über Aufbau und Funktion von Organisationen.
1989 unternahm ich meine erste Studienreise nach Pakistan – der Beginn von vielen Reisen und Arbeitsaufenthalten in Südasien. In Deutschland arbeitete ich für das Afghanistan Zentrum e.V. mit afghanischen Flüchtlingen und wurde aktiv in redaktioneller Arbeit für verschiedene Fachzeitungen. 1992 begann die lange Verbundenheit mit der Vorbereitungsstätte für Entwicklungszusammenarbeit (InWEnt) in Bad Honnef. Die Organisation der landeskundlichen Vorbereitunsgskurse für ausreisende Fachkräfte nach Asien sollte meine nächsten Jahre ausfüllen.
1993 und 1995 verbrachte ich in GTZ-Projekten in Pakistan. Bevor ich im Januar 1999 für zwei Jahre nach Mardan/Pakistan in ein ländliches Entwicklungsprojekt ausreiste, heiratete ich meinen jetzigen Mann, Stephan Jandt. Anfang 2002 begann das Kapitel ‚Afghanistan' – Nothilfe, Wiederaufbau und Beschäftigungsförderung. Nach dem Langzeiteinsatz in Afghanistan habe ich mich selbstständig gemacht und arbeite seit Mitte 2004 als freie Gutachterin für Projekte der Entwicklungszusammenarbeit.

Einsätze in Pakistan

1993 wurde ich das erste Mal für die GTZ in Pakistan tätig. In einem Berufsausbildungsprojekt für afghanische Flüchtlinge und Pakistaner in Peshawar, Nordwestgrenzprovinz, erhielt ich als ‚local consultant' den Auftrag, Konzepte zur Verbesserung der Ausbildungskomponente für Frauen zu erarbeiten. Es wurden sowohl Grundausbildungs- als auch Aufbaukurse für Maurer, Klempner, Maler, Schneider und Schweißer angeboten. Für Frauen stand allerdings nur der Bereich ‚Schneiderei' zur Verfügung – hier galt es, neue Designs vorzustellen und die Vermarktungskomponente einzuführen.
Während dieses Einsatzes war es mir auch zum ersten Mal möglich, die Grenze zu Afghanistan zu überschreiten. Der eigentliche Krieg war vorbei, die Sowjets abgezogen, und die einzelnen lokalen Machthaber versuchten, in dem chaotischen Nachkriegsgefüge ihre Positionen zu bestimmen. In der Hoffnung auf einen baldigen Frieden und ein stabiles Staatsgefüge unternahm ich also ‚Erkundungsmissionen' in die zwei afghanischen Provinzen Paktia und Kunar, um Möglichkeiten der Verlagerung der Ausbildungsgänge auf afghanisches Terrain zu untersuchen. Die Missionen verliefen erfolgreich, aber die Umsetzung sollte sich um weitere

zehn Jahre verzögern – die kriegerischen Auseinandersetzungen zwischen den einzelnen Mudjaheddin-Gruppen und ihre Opposition zu dem sich immer mehr durchsetzenden Taliban-Regime, ließen das Land nicht zur Ruhe kommen und verhinderten die Staatsbildung.
Vier Jahre später, im Jahr 1999, klopfte erneut die GTZ an die Tür. Eine Stelle in einem ländlichen Entwicklungsprojekt in Mardan/Pakistan, sollte besetzt werden. Durch meine Erfahrungen mit frauenbezogenen Projekten in Pakistan schien ich die richtige Kandidatin zu sein. Nachdem die Beurlaubungsverhandlungen mit meinem damaligen Arbeitgeber, der DSE (heute InWEnt), erfolgreich abgeschlossen waren, bereitete ich mich auf den ersten Langzeiteinsatz von zwei Jahren vor.
Mein Projekt nannte sich ‚Integrated Rural Development Programme Mardan' und arbeitete in unterschiedlichen Bereichen der ländlichen Entwicklung mit einem Fokus auf Gemeindebeteiligung und Entwicklung der Programme von der Basis aus. Mardan ist eine sehr ländliche Stadt in den tiefsten Tiefen der Nordwestgrenzprovinz – abgelegen und sehr konservativ. Die Gemeinden und Dörfer, mit denen gearbeitet wurde, waren oft in den Bergen versteckt und nur durch zum Teil recht beschwerliche Wanderungen erreichbar. Im Rahmen dieses Projektes war es meine Aufgabe, die Organisationsbildung bei Dorf- und Frauengruppen zu fördern, entstandene Frauengruppen zu beraten, und ein Netzwerk von NROs, die sich mit dem Themenbereich ‚Community and Women Empowerment' befassten, mit aufzubauen.

Nothilfe in Afghanistan

Wenige Wochen nach dem 11. September 2001 und der ‚Befreiung Afghanistans von dem Taliban-Regime' meldete sich erneut die GTZ. Das Bundesministerium für Wirtschaftliche Zusammenarbeit und Entwicklung plante eine ‚Fact Finding Mission' nach Afghanistan, um die Bedarfssituation des Landes zu ermitteln und die mögliche Richtung zukünftiger Projekte der Entwicklungszusammenarbeit zu identifizieren. Für diese Mission im November 2001 wurden Expertinnen und Experten aus unterschiedlichen Bereichen zusammengerufen – gleichzeitig fanden die Petersberger Gespräche statt, in denen die Grundsteine für Afghanistans Zukunft gelegt wurden. Nach einigen Wochen kehrte unsere Mission zurück und unterbreitete dem BMZ Vorschläge für die zukünftige Entwicklungszusammenarbeit.

Sowohl die physische als auch die soziale Infrastruktur Afghanistans wurde während des 23-jährigen Bürgerkriegs weitgehend zerstört. Die Lebenssituation weiter Teile der afghanischen Bevölkerung hatte sich aufgrund der Auswirkungen des Krieges, der Vernachlässigung des Landes durch die jeweiligen Machthaber sowie durch eine mehrjährige Dürre gegenüber der Vorkriegssituation drastisch verschlechtert.
Aufgrund dieser Situation musste alles sehr schnell gehen – die deutsche Nothilfe für Afghanistan begann Anfang 2002 und es wurde dringend Personal gesucht, am liebsten natürlich Fachkräfte mit Erfahrungen in der Region und so klingelte wiederum das Telefon. Da eine erneute Beurlaubung von Seiten der damaligen DSE nicht möglich schien, musste ich ‚meine Zelte' in Deutschland gänzlich abbrechen. Im März 2002 reiste ich ohne weitere Vorbereitung aus und begann, im Rahmen der Nothilfe Projekte für die GTZ in Afghanistan umzusetzen.
Im ersten Jahr koordinierte ich Kleinprojekte- und Frauenförderfonds für das Nothilfe-Programm. Landesweit führten wir mit lokalen und internationalen Organisationen sofort-wirksame Maßnahmen durch, um auf bestehende Not- und Bedarfssituationen schnell und flexibel zu reagieren. Bei der Umsetzung des Fonds wurde auf Sichtbarkeit und die Ergänzung durch längerfristige Entwicklungsaktivitäten geachtet. Der Fokus des Kleinprojektefonds lag auf Einkommensschaffung durch Beschäftigungsförderung und der Wiederherstellung von Produktionspotenzial.
Durch die Einrichtung eines speziellen Fonds zur Frauenförderung konnten zahlreiche Aktivitäten des Frauenministeriums und einkommensschaffende Maßnahmen für bedürftige Frauen, insbesondere Witwen, Alphabetisierungs- und Basisgesundheitskurse sowie die Unterstützung eines Netzwerkes von verschiedenen afghanischen Frauenorganisationen finanziert werden. Auch eine erhebliche Anzahl der mehr als 200 Einzelaktivitäten aus den GTZ-Kleinprojektefonds der Jahre 2002 – 2004 dienten der Verbesserung der wirtschaftlichen und sozialen Situation von Frauen. Grund- und Berufsbildung, Maßnahmen im wirtschaftlichen Bereich, Gesundheitsprogramme und der Aufbau psycho-sozialer Dienste haben unmittelbare Signale für die Bevölkerung gesetzt und schnell wirksam und nachhaltig zu einer Verbesserung ihrer Lebensbedingungen beigetragen. Zusätzlich wurden Frauenzentren, Alphabetisierungs- und Basisgesundheitskurse unterstützt, und eine Vielzahl von einkommensschaffenden Maßnahmen konnten ins Leben gerufen werden. Zu der Palette der Aktivitäten gehörten aber auch ein Behandlungszentrum für

drogenabhängige Frauen und ihre Familien sowie diverse Projekte im Medienbereich.
Im zweiten und dritten Jahr kam zu der Durchführung der Nothilfe noch die Leitung des Vorhabens ‚Beschäftigungsförderung für Frauen in Afghanistan' und die Vertretung des Büroleiters der GTZ in Afghanistan. Mein Arbeitspensum wurde immer größer und schließlich wurde die eigene Belastung so hoch, wurden Familie und Freunde in Deutschland so sehr vernachlässigt, dass ich für mich selbst die ‚Notbremse ziehen musste'. Ich verließ Afghanistan und mein Projekt und kehrte nach Deutschland zurück.

Zwischen Dörfern und Ministerien

Der Berufsalltag kann sich je nach Einsatzort und Art des Projektes sehr unterschiedlich gestalten. Während meines mehrjährigen Einsatzes in Pakistan in dem ländlichen Entwicklungsprojekt habe ich viel Zeit ‚im Feld' verbracht. Das heißt, dass mein Team und ich oft die Dörfer besucht haben, um die Gemeinden und Frauenorganisationen zu beraten und zu unterstützen. Ein direkter und enger Kontakt mit den Gemeindegruppen und Nutznießern des Projektes war dadurch gegeben. In den letzten Monaten des Projektes habe ich auch viel Zeit darauf verwendet, die Aktivitäten und Konzepte zu dokumentieren. Eine ganze Reihe von Dokumenten und Broschüren ist in dieser Zeit entstanden.
Der Arbeitsalltag in der Projektarbeit in Afghanistan sah anders aus. Viel Zeit wurde für die Planung und die Organisation von Projekten gebraucht. Absprachen mit lokalen und internationalen Organisationen waren notwendig. Als Leiterin eines neuen Langzeitprojektes muss man viel Zeit in die Entwicklung der dem Projekt zugrunde liegenden Konzepte widmen. Auch der Aufbau der Verwaltung eines neuen Projektes ist aufwändig, auch wenn es immer Unterstützung aus dem Landesbüro der GTZ gibt. Die Beratung der jeweiligen Ministerien und die Treffen der Geber-Gemeinschaft sind ebenfalls sehr zeitintensiv.

Geschichten „en masse"

Die positivsten Erfahrungen während meiner Auslandstätigkeiten in den vergangenen Jahren gehören in den Bereich des interkulturellen Austausches. Die Gesellschaften, für die ich tätig war und immer noch tätig bin, sind mir sehr vertraut geworden, und ich habe viele Menschen gefunden,

mit denen mich ein freundschaftliches Verhältnis verbindet. Die Offenheit und Gastfreundschaft, mit der man mir begegnet ist, hat mich oft verblüfft und hat mich dazu gebracht, Einstellungen in meiner eigenen Kultur zu hinterfragen. Die Freundschaft zu einzelnen Menschen in meinen ‚Gastländern' ist für mich das größte Geschenk der Auslandstätigkeit.
Natürlich gibt es auch immer wieder Probleme; besonders in sogenannten Nachkriegsländern ist das Leben und Arbeiten oft besonders schwierig und man braucht viel Energie, um mit den Widrigkeiten des Lebens fertig zu werden. Aber die positiven Erfahrungen haben bisher immer die negativen überwogen.
Leben und Arbeiten in einem islamischen Umfeld birgt aber manchmal gerade für Frauen Überraschungen. So ist mir unvergesslich geblieben, wie selbstverständlich ich als junge Frau bei Reisen nach Afghanistan in den Kreis der örtlichen männlichen Autoritäten aufgenommen wurde, um gemeinsam Aktivitäten für die Zukunft und Ausbildungsprogramme für Frauen zu planen!
Auch die Sorge meines tiefgläubigen paschtunischen Fahrers um mein Seelenheil als Nicht-Muslimin habe ich nicht vergessen…da ich als Christin in ein anderes Paradies – oder vielleicht gar nicht ins Paradies – eingehen würde, hätten wir in der Ewigkeit keine Chance, uns jemals wieder zu sehen. Mein Fahrer hatte auch gleich eine Lösung parat: Wenn er mich als zweite Frau ehelichte, würde ich auf den rechten moslemischen Pfad gelangen und der gemeinsame Weg ins Paradies wäre garantiert…Ganz anders der pakistanische Counterpart unseres ländlichen Entwicklungsprojektes; ein würdevoller älterer Herr, der sich auch als Korangelehrter verstand. Als ich ihm am ersten Tag im Projekt vorgestellt wurde und ich ihm enthusiastisch die Hand zum Gruß entgegenstreckte, ließ er mich mit ausgestreckter Hand stehen und wandte sich verlegen zur Seite – seine religiöse Einstellung konnte nicht mit einem solch engen Kontakt zu einer Frau in Einklang gebracht werden … Ich könnte noch viele lustige, traurige, nachdenkliche und ärgerliche Geschichtchen erzählen, aber dies würde den Rahmen dieses Interviews sprengen!

Selbstbehauptung in der Consulting-Branche

Probleme mit der Wiedereingliederung hat es in meinem persönlichen Fall nicht gegeben. Nach Beendigung des ersten längeren Projektaufenthaltes hatte ich durch die Beurlaubung die Möglichkeit, gleich wieder auf

meinen alten Arbeitsplatz zurückzukehren. Auch privat ist mir die Wiedereingliederung nicht schwer gefallen, da mein Mann die gemeinsame Wohnung in Deutschland weiter bewohnt hat, und mein vertrautes Umfeld vorhanden war.
Als ich das letzte Mal aus Afghanistan zurückkehrte, habe ich mir sehr genau überlegt, ob ich mich nach einer neuen Festanstellung umschauen sollte. Ein weiterer, längerer Auslandsaufenthalt kam zunächst aus familiären Gründen nicht in Frage. Als nach wenigen Monaten eine Anfrage von der GTZ kam, ob ich einen Kurzzeiteinsatz in Pakistan durchführen könnte – es ging um die Prüfung eines neuen Projektes –, war der Verlauf meines weiteren beruflichen Lebens vorgezeichnet. Ich machte mich selbstständig und versuche jetzt, als freie Gutachterin auf dem großen ‚Consulting-Markt' zu bestehen.
Für eine erfolgreiche Tätigkeit als freie Gutachterin ist es natürlich besonders wichtig, Kontakt zu möglichst vielen in der Entwicklungszusammenarbeit tätigen Organisationen zu haben. Zum einen muss der Informationsstand ständig aktualisiert werden, zum anderen können diese Organisationen potenzielle Arbeit- oder Auftraggeber sein. Es ist schon eine ganze Menge Arbeit und Aufwand, den Kontakt kontinuierlich zu halten und ständig neue Informationen einzuholen.

Einstieg in die Welt der EZ

Ich habe mich nach dem Studium für ein Stipendium aus dem ASA-Programm (Arbeits- und Studienaufenthalte in Afrika, Asien und Lateinamerika) von InWEnt beworben. Dabei ging es um den Einsatz in einem berufsausbildenden Projekt der GTZ in Peshawar. Die Fortsetzung der Geschichte kennen Sie ja schon. Ich bekam das Stipendium und reiste im Herbst 1990 nach Pakistan, um drei Monate in dem ‚Technical Training Programme' in Peshawar zu arbeiten. Das war mein Einstieg in die Welt der Entwicklungszusammenarbeit. In Pakistan traf ich einen späteren Kollegen, der mir riet, mich bei der damaligen Deutschen Stiftung für internationale Entwicklung DSE (heute InWEnt) in Bad Honnef zu bewerben. LandeskennerInnen würden immer mal wieder gebraucht.

Berufsfeld Entwicklungszusammenarbeit

Das Berufsfeld ist ideal für mich. Durch meinen ethnologischen Hintergrund bringe ich einiges an theoretischem Wissen mit – ich hatte mich auch schon relativ früh im Laufe des Studiums auf die Gesellschaften Südasiens, speziell Pakistan und Afghanistan, konzentriert, und mich näher mit Stammesgesellschaften, Islam und Gender befasst. Dieser Hintergrund kam mir bei der Arbeit in Projekten der Entwicklungszusammenarbeit zugute und hier konnte ich endlich Theorie und Praxis zusammenfügen.

Ich arbeite gern selbstständig und selbstverantwortlich - und gerade diese Möglichkeiten sind bei vielen Auslandstätigkeiten gegeben. Ich fühle mich wohl im Umgang mit anderen Gesellschaften und Kulturen und bin immer neugierig auf Neues. Meine neue Unabhängigkeit als freie Beraterin gefällt mir auch; allerdings ist diese Berufswahl natürlich auch verbunden mit Unsicherheit. Da ist kein Arbeitgeber, der sich um mich kümmert, wenn ich krank bin und nicht arbeiten kann. Ich muss mich ganz allein mit Versicherungen, Krankenkassen, der Rente und der Umsatzsteuer herumschlagen. Und ob der nächste Auftrag erteilt wird, ist auch immer ungewiss…

Qualifikationen und Kompetenzen

Zu den Qualifikationen, die in der EZ besonders benötigt werden, gehört meiner Meinung nach neben den fachlichen und landeskundlichen Qualifikationen eine ausgeprägte interkulturelle Kompetenz. Eine hohe Belastbarkeit ist notwendig, um zum einen mit dem hohen Arbeitsanfall und zum anderen mit den Widrigkeiten des Lebens (Klima, mangelnde Strom- und Wasserversorgung; eingeschränkte Bewegungsfähigkeit, ständige Trennung von zu Hause, usw.) fertig zu werden. Der oder die ideale EZ-Fachkraft sollte außerdem ein ausgeprägtes Organisationsvermögen besitzen, in hohem Maße teamfähig sein und über Improvisierfähigkeit verfügen. So manches Mal musste ich feststellen, dass für viele Arbeitsbereiche Generalisten gefragt sind, da sie sich als vielfältig einsetzbar erweisen.

Ich würde ganz bestimmt wieder denselben Beruf auswählen; vielleicht würde ich versuchen, früher und gezielter einzusteigen, und mich direkt an Organisationen wie die GTZ wenden, um z.B. Projektpraktika zu absolvieren. Ja, meinen etwas planlosen und zufälligen Einstieg würde ich etwas abkürzen und mich zielgerichteter orientieren.

Zukunftsaussichten

Ich denke, dass die Entwicklungszusammenarbeit ein wichtiges Berufsfeld bleiben wird, allerdings mit einem veränderten Charakter. Schon jetzt ist der Trend absehbar, dass immer weniger Praktikerinnen und Praktiker, aber dafür immer mehr Beraterinnen und Berater für Institutionen und Regierungen eingesetzt werden. Das jahrzehntelange ‚Capacity Building' und Training mit Multiplikatoreneffekten hat in vielen Ländern ihre Wirkung gezeigt. Gut ausgebildetes und qualifiziertes lokales Personal kann viele der in Projekten anfallenden Aufgaben übernehmen. Das Profil der ausländischen Expertinnen und Experten wird sich durch diese Entwicklungen in Zukunft stark verändern müssen. Entwicklungszusammenarbeit hat Zukunft, aber in veränderter Gestalt!

Jörg Hilgers – Tansania

„Ändere, was du ändern kannst, akzeptiere, was du (noch) nicht ändern kannst."
Jörg Hilgers

Name	Jörg Hilgers
Familienstand	geschieden
Nationalität	deutsch
Beruf	Diplom-Theologe
Auslandstätigkeit	Berater des Entwicklungskoordinators
Gastland	Tansania
Institution	AGEH – Arbeitsgemeinschaft für Entwicklungshilfe
Derzeitige Tätigkeit	Referent bei Exposure- und Dialogprogramme e.V./Bonn (Schwerpunkt entwicklungspolitische Bildung & Pastoral)
Interview	Das Interview führte Ulrike Bartels (digital).

Nördlich und südlich des Ostafrikanischen Grabenbruches

Als AGEH Fachkraft habe ich viereinhalb Jahre in Tansania gearbeitet, drei davon als Assistent und 1,5 Jahre als Berater des einheimischen Entwicklungskoordinators im »Diocese of Mbulu Development Office« (westl. Arusha Region) in einem 18.300 qkm umfassenden ländlichen

Gebiet nördlich und südlich des Ostafrikanischen Grabenbruches mit einer Bevölkerung von damals ca. 400.000 Menschen, vornehmlich mit der Wairaqw-Bevölkerungsgruppe. Die Arbeitsgemeinschaft für Entwicklungshilfe e.V. (AGEH) ist der zentrale Personaldienst für Internationale Zusammenarbeit der deutschen Katholiken und arbeitet mit zumeist kirchlichen Partnern in Lateinamerika, Afrika, Asien und den Transformationsländern Mittel- und Osteuropas.

Erstellen von Entwicklungsplänen in Tansania

Schwerpunkt der Tätigkeit war die Unterstützung der lokalen Verantwortlichen in der Erhebung des Entwicklungsbedarfs und der Ausarbeitung und Umsetzung eines allgemeinen (d.h. auf grundsätzlich alle Bevölkerungsgruppen bezogenen), armutsorientierten Entwicklungsplanes im Diözesangebiet, das vier politische Distrikte umfasst. Die Erhebungen und Machbarkeitsstudien, an denen ich mitgewirkt habe, ergaben, dass in 28 von 36 beteiligten Dorfgemeinschaften und Pfarrgebieten die Verbesserung der (Trink-) Wasserversorgung als oberste Priorität benannt und in weiteren Klärungsprozessen in ca. 50% derselben aktiv nachgefragt wurde. Darauf aufbauend ergab sich eine Aufgabenteilung mit meinem einheimischen Kollegen in der Koordination der Maßnahmen, derzufolge ich mich – in enger Abstimmung mit ihm, der Diözesanleitung, politischen/staatlichen Vertretern auf kommunaler und Distriktebene – um Aspekte der gemeinwesenorientierten Wasserwirtschaft (Entscheidungs- und Planungsprozesse, Gremienaufbau und beratung, Interessenmediation, Kosten-/Nutzen-Kalkulationen, Bedarfs- und Finanzplanung, Finanzmittelakquise, Berichterstattung) gekümmert habe.

»Natürliche« Problemlösungen

Die exzellente und von zunehmender Freundschaft geprägte Zusammenarbeit mit meinem einheimischen Kollegen Willy Q. Qambalo ist mir auch heute noch, sechs Jahre danach, das Wichtigste, an das ich mich gerne erinnere. Diese Arbeitsbeziehung ist für mich die wichtigste menschliche, inter-kulturelle Erfahrung in der Entwicklungszusammenarbeit. Ohne ihn, meinen tansanischen Kollegen und die Gewissheit, gemeinsam, nämlich als kleinstmögliches Kernteam die kleinen und großen Probleme angehen und bewältigen zu können, wäre mir die Fachkraft-Mitarbeit unabhängig von persönlichen Kompetenzen oder eigenem

Durchsetzungsvermögen nicht oder mit Sicherheit nicht in dem Maße geglückt wie dies im Großen und Ganzen der Fall war. Die oft schwierig zu handhabenden Aspekte der eigenen kulturellen Anpassung, des Ausgleichs von Interessen und Befindlichkeiten vor Ort, auch die Überwindung von Trägheit und Indifferenz bei politischen Entscheidungsträgern auf unterer und mittlerer Ebene oder in der eigenen kirchlichen Organisationsstruktur waren davon geprägt, einen gemeinsamen Weg zu finden und auch mit den Herausforderungen produktiv umzugehen.
Ich darf ohne Übertreibung sagen, dass Willy sicher das eine oder andere von mir z.B. in administrativ-praktischen Fragen ‚gelernt' oder ‚geerbt' hat, aber ohne ihn hätte ich nicht gelernt, dass in der konkreten Entwicklungsarbeit in einem Land wie Tansania vor allem eines zählt: Zielklarheit, ohne Zweifel, aber vor allem Beharrlichkeit, Ausdauer und Geduld, denn „sometimes you have to wait for a natural solution to a problem!" Mit anderen Worten: „Ändere, was du ändern kannst, akzeptiere, was du (noch) nicht ändern kannst…"

Der „Mzungu" (Weiße, Europäer)

Die anderen Highlights hängen zusammen mit den ausgedehnten mehrtägigen oder mehrwöchigen ‚Feldaufenthalten': Besuche, Besprechungen und Verhandlungen in den Dörfern und bei den Leuten in diversen Projektkontexten, die Teil meines Lebens wurden; die öffentlichen Versammlungen ‚in der Sonne' oder ‚unter einem Baum', in Verwaltungsbüros von District Commissioners und anderen lokalen Eliten, bei Priestern oder sonstigen Würdenträgern, auf Feierlichkeiten, z.B. bei Beerdigungen und Hochzeiten, bei Segnungen durch Heiler und traditionelle Propheten der Wairaqw. Berufs- und Lebensalltag gingen ineinander über, oft mit einem Gefühl von Ambivalenz: einerseits immer „Mzungu" (Weißer, Europäer) zu bleiben, also nicht wirklich dazu zu gehören, andererseits aber über die Arbeit und den Einsatz für und gemeinsam mit engagierten Menschen Teil eines größeren Ganzen zu sein. Eben hier und mit ihnen als Fremder zu arbeiten, aber auch mitleben zu können. Dazu gehörte auch die Verbindung mit einem Arbeiten in der Natur, in einer faszinierenden Landschaft ober- und unterhalb des Ostafrikanischen Grabenbruches, umgeben von drei Nationalparks (Ngorongoro, Lake Manyara und Tarangire).
Das andere, vordergründige und trotzdem oftmals Kräfte zehrende ist schnell aufgezählt: Mitarbeit und manchmal langatmige Besprechungen

in einem kleinen Büro im ländlichen Raum mit Infrastrukturproblemen wie nicht vorhandene oder unzuverlässige Strom- und Wasserversorgung, einfacher Ausstattung, fehlerhaften oder nicht vorhandenen Kommunikationsmöglichkeiten (Handvermittelte Telefonate, die oft nicht zustande kamen, waren in den ersten beiden Jahren die Regel. Wichtige Faxmitteilungen oder Briefe mussten oftmals per Auto und Boten ins 230 km entfernte Arusha gebracht werden). Hausmeistertätigkeiten z.B. in der Wartung der Solaranlage oder Reparatur der Wasserversorgung, viele Besorgungsfahrten, um Arbeitsabläufe zu ermöglichen oder zu beschleunigen, Umgang mit sehr unterschiedlich stark motivierten und zum Teil unterqualifizierten einheimischen Mitarbeitern und Kollegen im Büro, permanente Suche nach qualifiziertem einheimischen Personal und Einarbeitung neuer Mitarbeiter/innen. Auch die Konkurrenz einheimischer Funktionsträger im kirchlichen Kontext, die es den ‚nicht-geweihten' Entwicklungskoordinatoren neideten, über Zugang zu Ressourcen zu verfügen, die sie (ein paar wenige unter den Priestern) – wenn sie gekonnt hätten – gerne auch für eigene persönliche Zwecke verwendet hätten.

Was auf der Strecke blieb...

In all dem blieb aber etwas sehr Persönliches und Bedeutsames auf der Strecke: meine Ehe und Partnerschaft mit meiner Frau Anita, die nach einigen Kämpfen mit dem Finanzgeber schließlich auch mit eigenem Dienstvertrag und gleicher finanzieller Anerkennung im Bildungsbereich (Vorschulerziehung, Berufliche Bildung) koordinatorisch und in Unterstützung einheimischer Verantwortlicher tätig war. Was wir beide als Fachkräfte an Anpassungsleistungen in unseren jeweiligen Arbeitsbeziehungen zu leisten hatten und auch geleistet haben, hat uns als Paar und für uns selbst in unserer Liebesbeziehung überfordert und ist menschlich gescheitert. Damit ist nicht gesagt, dass dies ohne Leben und Arbeiten in Tansania nicht früher oder später (auch in Deutschland oder anderswo) ohnehin passiert wäre. Aber: Objektiv betrachtet sind wir mit unseren Persönlichkeiten in dieser Situation nicht mehr in der Lage gewesen, uns angemessen auch um uns selber und umeinander zu kümmern. Dass es in dieser gemeinsamen EZ–Zeit gelungen ist, unsere eigenen Konflikte und Probleme nicht auch noch zum Problem für unsere Vorgesetzten und Kollegen zu machen ist, so denke ich, war kein Verlust, sondern ein Gewinn für uns beide gewesen, denn wir waren ja angetreten, nicht allein um unserer selbst willen nach Tansania zu gehen. Deshalb ist auch dieses Scheitern nicht nur mit Schmerzen, sondern auch mit Wachstum verbunden.

Rückkehr: Die Arbeit der Wiederanpassung

Der Wiedereinstieg in Deutschland war für mich einerseits glücklich, denn bei der AGEH war gerade krankheitsbedingt eine Position in einem Regionalbereich zu vertreten, die mir half, einen Fuß in die EZ-Tür (auf deutscher Seite) zu bekommen. Andererseits war es ein schweres Stück Arbeit wegen der erneut geforderten Anpassungsleistungen mit umgekehrten Vorzeichen, nämlich in einer klassischen deutschen, bürokratischen Institution, die ihre Nähe zu einer quasi behördenhaften Organisationskultur nicht leugnen kann. Dennoch betrachte ich die unerwartet entstandene Möglichkeit, die Aufgabe der Personellen Entwicklungszusammenarbeit nun auch vom anderen Ende – allerdings auf Schreibtischhöhe – kennenzulernen und mitzugestalten als einen wichtigen Schritt in meiner persönlichen und beruflichen Entwicklung. Damit war eine klare Anerkennung der in Tansania erweiterten Kenntnisse und Erfahrungen ausgesprochen. Auf der persönlichen Ebene war aber keine allzu große Euphorie möglich, denn es folgte eine zum Teil sehr schwere Zeit, mit gesundheitlichen Problemen, mit dem Gefühl des Alleinseins und der sozialen Leere (nach der sehr großen Dichte von sozialen Kontakten in Tansania im Beruflichen), die nicht zuletzt durch die gescheiterte Ehe verstärkt wurde.

Es hat ein gutes Jahr gedauert, dieses Tal zu durchschreiten und neue Perspektiven zu gewinnen. Die berufliche Vertiefung in der EZ und der Entwicklungspolitik gelang über ein Aufbaustudium in Development Management und hat bis heute den Stachel im Fleisch erhalten, die verschiedenen Dimensionen von integraler Entwicklung besser zu verstehen und darüber nachzudenken, was praktische Theologie (von wo ich komme) und politische Ökonomie (der Weg, auf dem ich mich bewege) – was diese beiden gemeinsam haben. Dass sich diese beiden Seiten auf der gleichen Medaille befinden, verdeutlicht eine Frage aus dem Bewerbungsgespräch zu meiner jetzigen Stelle bei Exposure- und Dialogprogramme e.V.: „Haben Sie als Entwicklungshelfer kennengelernt wie die Menschen wirklich leben, ... bei armen Leuten übernachtet, ... mit ihnen gelebt?" Mir dämmerte damals schon, und heute bin ich mir dessen sehr

bewusst, dass es augenscheinlich immer noch viele Profis in diesem Geschäft gibt, die trotz hoher fachlicher, analytisch-intellektueller Kompetenz von unstrittigem Wert über wenig Erfahrung in einem speziellen Bereich verfügen: der unmittelbaren Begegnung mit denen, um die es in der Entwicklungszusammenarbeit vorrangig gehen sollte!
Es macht einen Unterschied, ob ich das Für und Wider bestimmter Optionen öffentlicher Wasserversorgung studiert und darüber in langen Sitzungen mit zuständigen Behörden und Durchführungsorganisationen in Entwicklungsländern verhandelt habe, oder aber fühle und erlebe, was es heißt in der Schlange zu stehen und das Wasser nach Hause zu tragen. Oder zumindest ein paar Mal die Spitzhacke in der Hand hatte, um mit Hunderten von Menschen den Graben für eine Wasserleitung auszuheben. Erfahrungen dieser Art anderen zu ermöglichen, bringt die beiden Seiten der Medaille zusammen. Es ist ein Privileg, sagen zu können, ich tue (zumindest sehr oft) auch heute, was ich wirklich für gut und richtig halte!

Berufung Entwicklungszusammenarbeit

Das Berufsfeld EZ ist ein Teil meines Lebens geworden, auch wenn Trennung von Beruf und privatem Leben überlebensnotwendig sind und ich es inzwischen ganz gut hinbekomme. Aber es ist ein Beruf, den ich nicht nur zur Existenzabsicherung betreibe, sondern der Teil meines Lebensgefühl und meiner inneren Ausrichtung geworden ist. Ich hoffe, dass ich auch noch in Zukunft sagen kann, dass mein Beruf auch meine Berufung ist.

Leidenschaft und Leidensfähigkeit

Wie in den obigen Schilderungen mehrfach angesprochen, sind für eine Tätigkeit in der EZ v.a. nötig: Anpassungsfähigkeit, Konsistenz und Kongruenz, Kreativität und Gelassenheit, Ausdauer und Geduld, nicht selten auch eine Portion Leidensfähigkeit und Leidensbereitschaft, aber auch Leidenschaftlichkeit in einem produktiven Sinn. Ja, es braucht das Pathos um der Menschen willen, um für den richtigen Weg und die richtigen Ziele streiten zu können und nein, es braucht nicht ständig Zurückhaltung und übertriebene »political correctness«: Es ist nicht so, dass alle in der EZ – wie oft behauptet wird – das Gleiche wollen („Armutsbekämpfung", „Anerkennung der Menschenrechte", you name it). Einige wollen das nämlich nicht wirklich, sonst gäbe es wesentlich weniger Profilierungskämpfe zwischen EZ-Organisationen (manchmal sogar in demselben ‚Lager'), weniger Auseinandersetzungen in einem Feld, das nicht selten eher einem Haifisch-Becken ähnelt als einer Bewegung, die angetreten ist, arme Menschen in ihrer Würde, in ihren Rechten und in ihrer selbstbestimmten Lebensfähigkeit zu stärken.

Zukunftsaussichten

Es besteht die Gefahr, dass die weiter zunehmende Ökonomisierung aller Lebens- und Arbeitsbereiche, die in der EZ bereits sehr fortgeschritten ist, nicht nur weiter zunimmt, sondern dazu führt, dass die EZ in der Konkurrenz um Ressourcen und Konzepte mit geo- und sicherheitspolitischen Interessen vor allem auf Seiten der Industriestaaten und der Schwellen- oder Ankerländer ausradiert oder zumindest völlig vereinnahmt, also instrumentalisiert wird. Dem müssen wir entgegen wirken, in der Tat nicht um unserer selbst willen, sondern um der Menschen willen, die im Norden so gut wie keine Stimme haben. Mit anderen Worten: Die EZ muss von Platz 18 der Bundesliga wegkommen und fähig werden, in der Champions League zu spielen.

Karin Jahr de Guerrero
Philippinen, Nicaragua ...

„Es war schon immer mein Traum, möglichst viel Zeit meines Berufslebens im Ausland zu verbringen."
Karin Jahr de Guerrero

Name	Karin Jahr de Guerrero
Beruf	Volljuristin mit Schwerpunkt internationales Recht
Nationalität	deutsch
Familienstand	verheiratet
Institutionen	BMZ: Bundesministerium für Wirtschaftliche Zusammenarbeit AA: Auswärtiges Amt GTZ: Gesellschaft für Technische Zusammenarbeit
Gastland	Philippinen
Aufgabenbereich	Entwicklungsberaterin
Auslandserfahrungen	Afrika, Lateinamerika, Naher Osten, Europa
Interview	Das Interview führte Simone Holzwarth.

Keinen typischen Juristenjob

Ich habe mich bereits im Studium ins Ausland orientiert. Mein Jura-Studium kam aus der Idee der Generalistin heraus. Ich habe schon früh gegen einen typischen Juristenjob entschieden. Ich bekam sehr früh die Chance, im Rahmen des Junior Professional Officer (JPO) Programms bei UNHCR (United Nations High Commissioner for Refugees) in Burundi als „Protection Officer" tätig zu werden. JPO kann man normalerweise als junger Berufstätiger werden mit ca. 3 Jahren Berufserfahrung, die hatte ich damals noch nicht. Durch dieses Programm soll jungen Deutschen der Einstieg in internationale Organisationen erleichtert werden. Die Bundesregierung stellt eine Förderung von bis zu zwei Jahren zur Verfügung. Danach muss man sich selbst weiter bemühen, um in einer internationalen Organisation zu bleiben.

Möglichst viel Zeit im Ausland

Ich habe mehr als die Hälfte meines Berufslebens im Ausland verbracht. Im Rahmen der Vereinten Nationen war ich fast vier Jahre bei UNHCR in Bujumbura, Burundi und in Wien, Österreich, kurzzeitig bei UNDP (United Nations Development Programme) in Burundi und bei UNRWA (United Nations Relief and Works Agency for Palestine Refugees in the Near East), dem Palästinenserhilfswerk 2 Jahre in Wien sowie im Gaza Streifen und in der Westbank. Für UNHCR war ich in Schwarzafrika als „Protection Officer" tätig. Dort habe ich Flüchtlinge und Asylsuchende aus Ruanda, Uganda und Zaire rechtlich beraten und betreut.

Es war schon immer mein Traum, möglichst viel Zeit meines Berufslebens im Ausland zu verbringen. Dabei hatte ich nicht unbedingt Afrika im Auge, aber meine Zeit in Burundi war hochinteressant. Dann erhielt ich eine Stelle bei UNHCR in Wien und hatte mit Asylsuchenden aus den früheren Ostblockstaaten und vor allem aus dem Iran zu tun. In Wien wechselte ich nach einiger Zeit zu UNRWA, das damals dort seinen Sitz hatte. Ich arbeitete im Büro des „Commisioner General" und musste viel Zeit auf Konferenzen verbringen. Die Atmosphäre im Vienna International Center lag mir nicht besonders, und die Arbeit im „headquarters" von UNRWA in Wien war für mich weniger spannend als die im »Field Office«.

Ich habe mich daher wieder für eine Tätigkeit in einem Entwicklungsland beworben und wurde als erste Frau „Refugee Affairs Officer" im Gazast-

reifen. Das war während der sog. „Ersten Intifada". Meine Tätigkeit würde man heute wohl als Mediatorin bezeichnen, denn es ging in erster Linie darum, die Kriegs- oder Konfliktparteien zu befrieden und gewaltsame Auseinandersetzungen zu vermeiden. Die deeskalierende Wirkung von Frauen ist heute ja weit bekannt. Damals wurde das in UNRWA zum ersten Mal ausprobiert. Ich hatte dafür keinen Vorbereitungskurs und mir wurde erst im Nachhinein klar, wie gefährlich manche Situationen eigentlich waren. Einige sehr kritische Situationen habe ich da durchlebt, aber ich habe wohl eine gute Begabung, mit Krisensituationen umzugehen.
Die Arbeit im UN System hat mich schon geprägt. Dabei habe ich auch feststellen müssen, dass die UN nicht gerade zu den fortschrittlichsten Organisationen gehörten. Nach sechs Jahren wollte ich auch gerne nach Deutschland zurückkehren. Sonst hätte ein Wechsel zu UNICEF (United Nations Children´s Fund) nach Angola angestanden, mit einer Tätigkeit, dort die Lebensmitteltransporte zu begleiten. Aber da war auch die Überlegung: Wenn ich jetzt auf dieser „Kriegs- und Krisenschiene" weitermache, dann komme ich da nicht mehr weg und bin beruflich festgelegt. Psychisch haben mich die täglichen Kriegserlebnisse im Gazastreifen und in der Westbank nach eineinhalb Jahren schon ziemlich mitgenommen und es wäre unklug gewesen, nach der Zeit in Palästina einfach so in das nächste Krisengebiet zu gehen.
Zurück in Deutschland habe ich schnell eine Stelle beim Bundesministerium für Wirtschaftliche Entwicklung und Zusammenarbeit (BMZ) gefunden. Ich war bereit, wieder in Deutschland Fuß zu fassen, wurde dann aber relativ schnell wieder aufgrund meiner Erfahrung in Entwicklungsländern ins Ausland entsandt. Schon ein halbes Jahr nach meiner Ankunft hier in Deutschland wurde mir eine Stelle als Referentin für Wirtschaftliche Zusammenarbeit angeboten. Ich hatte damals noch nicht so sehr in Deutschland Fuß gefasst, um dieses Angebot ausschlagen zu müssen. Ich war dann für das BMZ für fünf Jahre in Nicaragua an der deutschen Botschaft und habe dort das Programm der entwicklungspolitischen Zusammenarbeit (EZ) aufgebaut und koordiniert. Die politische Konstellation war sehr interessant nach den ersten demokratischen Wahlen nach der sandinistischen Revolution. Die Mentalität der Latinos hat mir gut gefallen, und ich kam damit sehr gut zurecht. Am Ende meiner Zeit dort habe ich meinen späteren Mann kennengelernt.

Der Preis für den Auslandsaufenthalt

Ich war also schon eine sehr lange Zeit von Deutschland weg, sechs Jahre für die UN und mit einer kurzen Unterbrechung von einem Jahr fünf Jahre für das BMZ. Ich habe mich verändert und das hat Auswirkungen auf die sozialen Beziehungen in Deutschland. Man bezahlt einen Preis für die lange Tätigkeit im Ausland. Vom Leben der Freunde und Bekannten hier bekommt man nur Sequenzen mit.

Die Bereicherung durch andere Mentalitäten ist für mich sehr positiv. Dabei muss man aber berücksichtigen, dass Freundschaften aus der „international community" so etwas wie „Arbeitsabschnittsfreundschaften" sind, vergleichbar mit dem Begriff der „Lebensabschnittspartner". Sie halten normalerweise nur für die Zeit des Auslandseinsatzes eines jeden und manchmal auch ein wenig länger. Irgendwann will man aber auch mal Freunde haben, die auch in 10 Jahren noch da sind und die einen schon einige Zeit kennen.

Insgesamt entspricht mein Werdegang genau dem, was ich für mein Berufsleben wollte: interessante und aufregende Jobs, in denen ich oft auch eine Pionierfunktion habe, und bei denen immer wieder unterschiedliche Mentalitäten Herausforderungen bieten. Man muss sich aber im Klaren darüber sein, nicht alles haben zu können, und ferner, dass alles seinen Preis hat. Je kürzer die Aufenthalte sind, desto schwieriger wird es übrigens, ein vernünftiges soziales Umfeld aufzubauen.

Asien: der letzte unbekannte Kontinent

Ich war in Nicaragua für das BMZ in der Deutschen Botschaft als Referentin für entwicklungspolitische Zusammenarbeit im Rahmen der bilateralen EZ. Ich habe mich jetzt ganz bewusst für einen Job in Asien beworben, weil mir Asien noch „gefehlt" hat in meiner internationalen Erfahrung. Manila ist sicher nicht ganz typisch Asien. Aber je länger man dort ist, desto mehr entdeckt man das „Asiatische" unter der nach außen sehr westlichen Orientierung der Menschen.

Augenblicklich bin ich auf einem ähnlichen Posten wie in Nicaragua. Die erste Erfahrung dort ist im Ganzen recht gut. Für mich ist es aber nicht so einfach, mich dort in die Kultur einzufinden. Die asiatische Mentalität ist mir nicht so nah wie die lateinamerikanische. Es ist auch für mich das erste Mal, dass ich in einer Riesengroßstadt arbeite. In Manila leben etwa 14 Mio. Menschen. Es gibt große Armut und großen Reichtum und es ist

manchmal schwer, das für sich so in den Griff zu bekommen.
Ich arbeite in einer interessanten Konstellation aus BMZ und Auswärtigem Amt. Vor Ort soll ich als Entwicklungsberaterin eine Verstärkung des entwicklungspolitischen Know-hows bewirken. Im Zuge der internationalen Geberharmonisierung wird die kompetente Wahrnehmung der EZ und Beteiligung in Abstimmungsmechanismen vor Ort immer wichtiger. Fachkenntnisse der EZ sind nicht mehr nur wichtig daheim im Ministerium, sondern werden immer stärker vor Ort benötigt, um im Geberkonzert mitzuspielen.

Steter Wandel

Ich bin in dieses Berufsfeld gekommen, weil ich in einem internationalen Umfeld arbeiten wollte, und da ist EZ schon eine gute Sache. Hinzu kommt, dass es mich schon immer berührt hat, wenn Menschen unter schwierigen Umständen und in Armut leben. In diesem Beruf sehe ich eine Möglichkeit, daran etwas zu verändern und dabei mitzuhelfen, wenigstens einigen Menschen eine andere und bessere Lebensperspektive zu geben. Es ist zwar nicht der „grass-root-level", sondern die politische Ebene, auf der ich tätig bin, aber gerade diese ist wichtig für ein Umdenken und das Stellen wichtiger Weichen in der Politik und Entwicklung eines Landes.
Der Gerechtigkeitsgedanke der UN-Organisationen hat mich auch als Juristin interessiert. Ich bin immer noch mit meinem Beruf zufrieden, auch wenn man bestimmte Dinge in Frage stellen muss, wie viel man damit wirklich bewirken und verändern kann. Aber das Berufsfeld EZ befindet sich dauernd in Prozessen und verändert sich, und dadurch ist es so interessant und vielseitig.
Die EZ ist in den letzten Jahren sehr viel politischer geworden und befasst sich jetzt kaum mehr mit Projektabwicklung. Wichtiger sind viel mehr politische Aspekte und internationale Harmonisierung im Rahmen der internationalen Entwicklungspolitik. Man kommt nicht mehr daran vorbei, gemeinsam arbeiten zu müssen, um wirksame Ergebnisse zu erzielen und sich den immer größer werdenden Anforderungen der Globalisierung zu stellen. Daher halte ich die EZ für ein interessantes und auch zukunftsträchtiges Berufsfeld.

Veronika Weidringer – Haiti, Mali ...

„Besonders interessant empfinde ich die Zusammenarbeit in diesem ausgesprochen internationalem Kontext."
Veronika Weidringer

Name	Veronika Weidringer
Beruf	Diplom Geographin
Nationalität	deutsch
Familienstand	ledig
Institutionen	Vereinte Nationen, Deutscher Entwicklungsdienst, Deutsche Welthungerhilfe, MISEREOR, Exposure- und Dialogprogramme
Auslandserfahrungen	Dominikanische Republik, Venezuela, Haiti, Mali
Derzeitige Tätigkeit	Civil Affairs Officer in der Friedensmission bei den Vereinten Nationen in Haiti (United Nations Stabilization Mission in Haiti)
Gastland	Haiti
Interview	Das Interview führte Ulrike Bartels (digital).

Ziel Ausland

Schon nach der Schule zog es mich ins Ausland, und ich ging für sechs Monate nach Frankreich, um dort meine Französischkenntnisse zu vertiefen. Anschließend begann ich mit dem Geografiestudium in Köln mit dem Schwerpunkt Ökologie. Nach dem Vordiplom machte ich ein Freisemester und ging 1990 vier Monate in die Dominikanische Republik (Sprachkurs; Praktikum). Nach diesem ersten Aufenthalt in einem „Entwicklungsland" änderte ich meinen Studienschwerpunkt und entschied, mich auf Entwicklungszusammenarbeit zu spezialisieren, um mich auf diese Weise für die Länder des Südens einzusetzen. Ich wechselte von der Universität Köln nach Bonn und richtete ab diesem Zeitpunkt mein Geographiestudium auf Entwicklungspolitik aus, wählte entsprechende Nebenfächer (Bodenkunde und Bewasserungswirtschaft der Tropen und Subtropen), absolvierte Praktika in Venezuela und der Dominikanischen Republik und schrieb schließlich meine Diplomarbeit in einem Entwicklungsprojekt, einer Kooperation zwischen dem Deutschen Entwicklungsdienst und der Deutschen Welthungerhilfe, in der Dominikanischen Republik. Neben der Ausrichtung meines Studiums auf die Entwicklungszusammenarbeit nahm ich aktiv an entwicklungspolitischen Veranstaltungen in Bonn teil und hatte die Möglichkeit bereits während des Studiums für Organisationen der EZ zu arbeiten.

Nach Abschluss meines Studiums arbeitete ich zunächst für *MISEREOR* und *Justitia et Pax* (Exposure- and Dialogprogramme) im Bereich der Öffentlichkeitsarbeit. Diese Tätigkeiten, gemeinsam mit meinen Auslandspraktika in Lateinamerika, ebneten mir den beruflichen Weg in die Entwicklungszusammenarbeit. Nachdem ich einige Erfahrungen in diesem Bereich in Deutschland gesammelt hatte, bemühe ich mich schließlich um eine Tätigkeit in einer Entwicklungsorganisation im Ausland.

Zur richtigen Zeit am richtigen Ort – wurde mir 1989 ein Kurzzeiteinsatz in einem Bewässerungsprojekt der *Deutschen Welthungerhilfe / Europäischen Kommission* in Haiti angeboten (vier Monate). Im Anschluss daran erhielt ich einen Zwei-Jahres-Vertrag beim *DED* in Mali in einem agroökologischen Projekt der *Deutschen Welthungerhilfe*. Mein Ziel, für längere Zeit für eine Entwicklungsorganisation im Ausland zu arbeiten, war damit erreicht, und die Arbeit gefiel mir sehr gut. Nach Beendigung des ersten Vertrages entschied ich mich für einen weiteren Vertrag mit dem *DED* in Mali und arbeitete als Beraterin einer lokalen Nicht-Regierungs-

Organisation. Nach fünf Jahren im Ausland (Mali, Haiti), entschied ich mich dann zur Rückkehr nach Deutschland, um dort eine Zeit in einer internationalen Organisation tätig zu sein. Als ich dann nach mehreren Monaten intensiver Arbeitssuche keine Arbeit gefunden hatte, bewarb ich mich wieder um eine Auslandsstelle. Ich bin nun in der *MINUSTAH* – United Nations Stabilisation Mission auf Haiti.

Mali: Dörfer und Nichtregierungsorganisationen

In den ersten zwei Jahren meines Aufenthaltes in Mali arbeitete ich in einem agro-ökologischen Projekt der Welthungerhilfe im Süden Malis. Die Partnerstruktur des Projekts war die halbstaatliche Baumwollgesellschaft Malis. Ziel des Projektes war es zum einen, die Partnerstruktur zu fördern und zum anderen, die Bevölkerung von 15 Dörfern darin zu unterstützen, ihre Landwirtschaft nachhaltig zu gestalten. Meine Aufgabe in dem Projekt war die Integration von »Gender« in die Projektaktivitäten, die Umsetzung eines Mikrofonds sowie die Finanzverwaltung des Projektes. Die Identifizierung und dann das Monitoring von Mikroprojekten nahm einen Großteil meiner Zeit in Anspruch und war äußerst interessant, vor allem, um die Verhältnisse in den malischen Dörfer kennenzulernen.
In meinem zweiten Vertrag war es meine Aufgabe, eine lokale Nicht-Regierungs-Organisation im Bereich Ressourcenmanagement und Organisationsentwicklung zu beraten. Im Unterschied zu der Tätigkeit während des ersten Vertrages war diese Arbeit weniger „basisorientiert" und meine Arbeit konzentrierte sich auf die Ebene der Nicht-Regierungs-Organisation. Ich organisierte Arbeitssitzungen, um das System der Planung, des Monitorings und der Evaluierung der Nicht-Regierungs-Organisation zu verbessern, beteiligte mich an der Ausarbeitung und Beantragung von Projekten und betreute die Umsetzung eines Ressourcenschutzprojektes von *MISEREOR*.

Haiti: UN-Friedensmission

Seit Juli 2005 arbeite ich nun bei der Friedensmission der Vereinten Nationen *(MINUSTAH)* in Haiti als sog. Civil Affairs Officer. Die MINUSTAH ist seit 2004 in Haiti. Sie hat die Aufgabe, die Übergangsregierung bei dem derzeitigen Wahlprozess zu unterstützen und die Sicherheit im Land zu gewähren. Ich arbeite in einem der 10 Regionalbüros und meine

Hauptaufgabe besteht in der Förderung der Zivilgesellschaft, der Identifizierung und im Monitoring von sog. „Quick impact projects“ sowie die Unterstützung der staatlichen Strukturen in der Wahlvorbereitung. Außerdem bin ich eingebunden in die Koordination der Aktivitäten der drei Komponenten des Regionalbüros: Militär, internationale Polizei und zivile Bereiche. Besonders interessant empfinde ich die Zusammenarbeit in diesem ausgesprochen internationalem Kontext. Gewöhnungsbedürftig und neu ist für mich die Zusammenarbeit mit internationaler Polizei und Militär, die bisher in meinem Leben nie stattgefunden hat.

Zwischenstation Bonn

Nach fünf Jahren im Ausland kehrte ich in die Stadt zurück, in der ich zuvor acht Jahre mit Unterbrechungen gelebt habe, um eine Stelle in der EZ in Deutschland oder einem anderen europäischen Land zu finden. Von mehreren Seiten war ich darauf hingewiesen worden, dass es wichtig sei, nicht zu lange am Stück im Ausland zu arbeiten. Ich wählte Bonn als Standort, da sich hier zum einen in den letzten Jahren viele EZ – und internationale Organisationen angesiedelt haben und zum anderen, weil ein Großteil meiner sozialen Kontakte in Deutschland, vor allem in dem Raum Bonn / Köln leben. Dies stellte sich als eine sehr gute Entscheidung heraus, denn ohne Job ist man doch sehr auf soziale Kontakte angewiesen. Allerdings gestaltete sich die Stellensuche als äußerst schwierig, der Arbeitsmarkt war und ist eng und die Konkurrenz hoch. Trotz einiger Vorstellungsgespräche und positiver Rückmeldungen auf meinem Lebenslauf fand ich keine Stelle in Deutschland. Nach einiger Zeit erfolgloser Bewerbungen auf Inlandsstellen begann ich mich auch wieder bei deutschen, europäischen und internationalen Organisationen für Auslandsstellen zu bewerben. Einige Monate später bekam ich einen Anruf von *UNV* (United Nations Volunteers) in Bonn, mit dem Angebot in Haiti oder Burundi zu arbeiten. Ich entschied mich für Haiti.

Die Zeit der Stellensuche nutzte ich, um mich in der entwicklungspolitischen Bildungsarbeit mit dem DED zu engagieren und an verschiedenen Fortbildungsveranstaltungen, „Rückkehrer”-Seminaren des Förderungswerkes (DED) und Veranstaltungen der EZ in Bonn, teilzunehmen. Auf diese Weise brachte ich mich wieder auf den aktuellen Stand der entwicklungspolitischen Diskussion. Während meiner Tätigkeit im Ausland war die Auseinandersetzung mit diesem Bereich, der für mich immer sehr wichtig war, zu kurz gekommen.

Zukunftsfragen

Seit meiner Entscheidung, mich in Entwicklungsländern zu engagieren und mich im Rahmen meines Studiums auf die Entwicklungszusammenarbeit zu spezialisieren, ist dieses Thema ein Teil meines Lebens. Auch wenn ich immer mal wieder Zweifel an der Sinnhaltigkeit der Entwicklungszusammenarbeit habe, möchte ich mich weiterhin in diesem Bereich engagieren. Allerdings sehe ich seit meiner Rückkehr aus Mali und der Arbeitslosigkeit von einem Jahr in Deutschland, zum ersten mal das Problem, dass es trotz Berufserfahrung nicht immer leicht ist, eine Stelle zu finden, um den Lebensunterhalt zu sichern. So stehe ich zur Zeit vor der Frage, wie ich meine berufliche Zukunft nach dem derzeitigen Vertrag bei den Vereinten Nationen in Haiti am besten plane: Vereinte Nationen? Entwicklungszusammenarbeit in Deutschland/Europa?

Werner Würtele – Brasilien uvm.

„Die EZ hat Zukunft, wenn sie sich den ständig verändernden Herausforderungen stellt."
Werner Würtele

Name	Werner Würtele
Familienstand	Verheiratet, zwei erwachsene Kinder
Nationalität	deutsch
Ausbildung	Studium und Promotion der Politikwissenschaften
Derzeitige Tätigkeit	Leiter der Abteilung Landeskunde und Entwicklungspolitik in der Vorbereitungsstätte für Entwicklungszusammenarbeit (V-EZ) (Internationale Weiterbildung und Entwicklung; InWEnt)
Institution	Derzeit InWEnt, davor viele Jahre lang Deutscher Entwicklungsdienst (DED)
Auslandserfahrung	v.a. 7 Jahre Brasilien (DED)
Interview	Das Interview führte Ulrike Bartels (digital).

Über Argentinien nach Brasilien

Dem Einstieg in die EZ ging ein Studium der Politikwissenschaften und Geographie voraus, das mich als Doktorand und Stipendiat der Friedrich-Ebert- Stiftung nach Argentinien brachte. Vor diesem Hintergrund und einem weiteren Auslandsaufenthalt in Brasilien im Rahmen einer Forschungstätigkeit des Lateinamerika Instituts der FU Berlin bewarb ich mich erfolgreich beim Deutschen Entwicklungsdienst um eine Beauftragtenstelle für Brasilien.

Eine „EZ-Karriere"

Als DED-Beauftragter (heute Landesdirektoren) leitete und koordinierte ich die vom DED unterstützten Projekte mit staatlichen und nicht-staatlichen Trägern auf Basis- und Mesoebene. Hierzu gehörten die Verantwortung für das DED-Programm, die Zusammenarbeit mit den inländischen Partnern und den anderen Organisationen der EZ, Verantwortung für das Budget, und vieles mehr. Zurück in Deutschland übernahm ich eine Tätigkeit als Referent für Lateinamerika in der Abteilung Vorbereitung des *DED*, die von einem erneuten Einsatz als Beauftragter in Brasilien unterbrochen war. Es schloss sich daran eine Aufgabe als Pädagogischer Leiter des DED (Koordination aller Vorbereitungsmaßnahmen) an, eine Funktion, die ich bis zum Zusammenschluss mit der Vorbereitungsstätte der Deutschen Stiftung für internationale Entwicklung in Bad Honnef ausübte. Nach dem Übergang der Abteilung Vorbereitung auf die neugegründete gemeinnützige Gesellschaft Internationale Weiterbildung und Entwicklung (InWEnt) leite ich nun in der Vorbereitungsstätte für Entwicklungszusammenarbeit (V-EZ) die Abteilung Landeskunde und Entwicklungspolitik, die monatlich den einwöchigen Kurs Landeskunde & Entwicklungspolitik anbietet. Teilnehmer sind die vor der Ausreise stehenden Mitarbeiter/innen von rund 40 verschiedenen Entsendeorganisationen.

Retroperspektive

Früher war die EZ überschaubarer, aufgeteilt in Freiwillige (etwa des DED) und in Experten (bspw. GTZ). Inzwischen ist alles differenzierter und die Unterschiede zwischen den Organisationen haben sich verwischt.

Heute sind vom Anspruch her alles Fachkräfte, im Volksmund werden alle als Entwicklungshelfer bezeichnet.
Die Motivationslagen haben sich verändert, z.B. beim DED – grob gesprochen – von einer eher karitativ geprägten Motivation (60er Jahre) über politisches Engagement (in den 70er Jahren) hin zum EZ-Profi. Auch hat sich der Altersdurchschnitt erheblich verändert: die ersten DEDler waren 21 Jahre, heute sind sie im Schnitt 40 Jahre alt. Die früher hoch gehaltene Partnerorientierung, Integrationsbemühung und bloße Mitarbeit ist einer sogenannten Zusammenarbeit auf gleicher Augenhöhe gewichen, will heißen, dass man das eigene Licht nicht mehr unter den Scheffel stellen will und auch eigene Interessen offen anspricht.
Die frühere Arbeit an der Basis ist heute für die meisten Entsendeorganisationen eher die Seltenheit, obgleich man sich auf diese, wegen der Marktlücke, noch gerne beruft, insbesondere, um sich von den „Expertenorganisationen“ abzuheben. Waren früher der Erfolg einzelner Projekte im Blickpunkt, so erhofft man sich heute durch Programme und Vernetzung mehr Signifikanz, Effizienz, Effektivität und Nachhaltigkeit. Die EZ muss heute viel mehr als früher gegenüber der (steuerzahlenden) Öffentlichkeit nachweisen, dass sie wirklich auch das bewirkt, was sie erreichen will.
Von den Aufgaben her haben sich die Anforderungen erheblich erhöht, doch bringen die Fachkräfte heute – auch jüngere- in der Regel schon erheblich mehr an Vorerfahrungen und Kenntnissen (Sprachkompetenz, Auslandserfahrung, Methodenkompetenz) mit.

Optimistische Zukunftsaussichten

Das Berufsfeld EZ ist immer noch ein überaus spannendes und komplexes, auf dem sich viel lernen lässt. Für den DED war früher die Entwicklungshelfer-Tätigkeit eine zeitlich begrenzte, auf welche die Rückkehr wartete, mit dem Ziel, dass sich die Rückkehrerer in die deutsche entwicklungspolitische Diskussion mit ihren Erfahrungen einbringen sollten. Damit war die EZ zumindest für die Personalentsendedienste kein Berufsfeld. In der Praxis aber folgte für viele schon früh die weitere Arbeit in einer EZ-Organisation.
Die Rückkehr ist für viele nach einer mehrjährigen Arbeit im Ausland schwierig und gestaltet sich oft noch schwieriger als die ursprüngliche Anpassung an die Bedingungen im Gastland. In der Regel hatten sie im

„Entwicklungsland“ einen hohen sozialen Status, und nach der Rückkehr nach Deutschland sind sie wieder »nur« Herr Mayer oder Frau Fischer. Sensible, engagierte und kompetente EZ-Fachkräfte können auch heute noch eine wichtige Brücke zwischen den armen und reichen Nationen im Sinne von Völkerverständigung und gemeinsamem Lernen bilden. Die „reine EZ“ ist heute zu Recht ergänzt worden durch Ansätze des Zivilen Friedensdienstes, da man erkannt hat, dass dort, wo Krieg und Gewalt herrscht, auch keine sinnvolle EZ-Arbeit möglich ist. Die EZ hat Zukunft, wenn sie sich den ständig verändernden Herausforderungen stellt, wobei sie nicht jeder Mode nachlaufen muss.

Arbeitgeber

Arbeitgeber innerhalb des Berufsfeldes Entwicklungszusammenarbeit / Internationale Zusammenarbeit sind alle Institutionen, die sich mit der Entwicklungsthematik beschäftigen, sei es im In- oder Ausland.
Das Berufsfeld und ihre Institutionen gliedert sich dabei in die bilaterale und die multilaterale Zusammenarbeit.

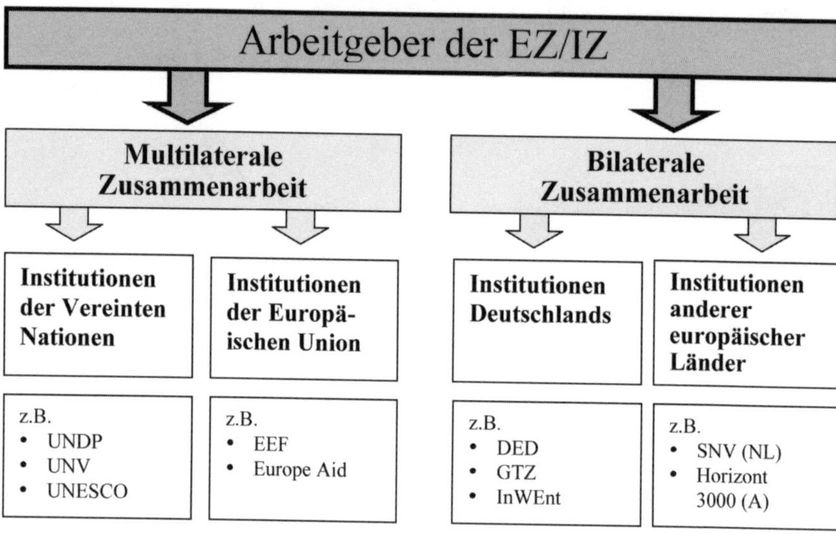

Abbildung 1: Arbeitgeber – Übersicht

Im Folgenden werden zentrale Organisationen der bi- und multilateralen Zusammenarbeit dargestellt, um so einen Überblick über die Institutionenlandschaft zu vermitteln. Die Darstellung erhebt dabei keinen Anspruch auf Vollständigkeit.

Bilaterale Zusammenarbeit

Einen umfassenden Überblick über die Institutionenlandschaft der Bundesrepublik Deutschland gibt die von InWEnt herausgegebene und ständig aktualisierte Publikation *Institutionen der Entwicklungszusammenarbeit*, die bei InWEnt angefordert bzw. aus dem Internet heruntergeladen werden kann (www.inwent.org/infostellen/izep/publikationen). Diese Publikation bietet Kontaktadressen, Ansprechpartner und Aufgabenbereiche der meisten in diesem Bereich tätigen Organisationen.

In der bilateralen Zusammenarbeit wird im Hinblick auf die Konditionen der Entsendung der Mitarbeiter sowie deren Tätigkeitsfelder unterschieden zwischen

- *den entsandten Fachkräften*, die im Rahmen der Technischen Zusammenarbeit entsandt werden (s. Gesellschaft für Technische Zusammenarbeit);
- den *integrierten Fachkräften*, die direkt zu einer einheimischen Institution im Partnerland vermittelt und in diese für einen bestimmten Zeitraum »integriert« werden (s. Centrum für Internationale Migration);
- und den *Entwicklungshelfern*, die im Rahmen des Entwicklungshelfergesetzes für eine mindestens 2-jährige Tätigkeit entsandt werden, die in den Partnerländern ohne Erwerbsabsicht tätig sind und von ihrer Entsendorganisation ein Unterhaltsgeld erhalten. In Deutschland gibt es sechs anerkannte Entwicklungsdienste: AGEH (Arbeitsgemeinschaft für Entwicklungshilfe), DED (Deutscher Entwicklungsdienst), EED (Evangelischer Entwicklungsdienst), CFI (Christliche Fachkräfte International), Eirene, und Weltfriedensdienst.

Abbildung 2 stellt die zentralen Akteure der bilateralen EZ in Deutschland dar. Im Folgenden werden einige dieser Organisationen kurz vorgestellt. Weitere finden sich in der o.g. Broschüre Institutionen der Entwicklungszusammenarbeit. (Bitte umblättern).

Die Akteure der EZ in Deutschland

Institutionen der staatliche EZ

- **KfW**: Kreditanstalt für Wiederaufbau
- **GTZ:** Gesellschaft für Technische Zusammenarbeit
- **CIM:** Centrum für Internationale Migration
- **DEG:** Deutsche Investitions- u. Entwicklungsgesellschaft
- **InWEnt**: Internationale Weiterbildung und Entwicklung
- **DAAD**: Deutscher Akademischer Austauschdienst
- **DED**: Deutscher Entwicklungsdienst

Politische Stiftungen

- **FES**: Friedrich Ebert Stiftung
- **KAS:** Konrad Adenauer Stiftung
- **FNSt**: Friedrich Naumann Stiftung
- **HSS:** Hans Seidel Stiftung
- **HBS**: Heinrich Böll Stiftung
- **RLS**: Rosa Luxemburg Stiftung

Kirchliche Institutionen

- **AGEH**: Arbeitsgemeinschaft für Entwicklungshilfe
- Deutscher Caritasverband
- Diakonisches Werk/ Brot für die Welt
- **EED**: Evangelischer Entwicklungsdienst
- Misereor

Sonstige

- **DVV**: Deutscher Volkshochschulverband
- **DWHH**: Deutsche Welthungerhilfe
- Kindernothilfe
- Kolpingwerk
- Terre des Hommes
- Etc.

Abbildung 2: Die Akteure der EZ in Deutschland, Quelle: BMZ

Institutionen der staatlichen Entwicklungszusammenarbeit

CIM – Centrum für internationale Migration

CIM ist eine Organisation der Personalvermittlung mit entwicklungspolitischem Auftrag, die 1980 als Arbeitsgemeinschaft der Gesellschaft für Technische Zusammenarbeit und der Zentralstelle für Arbeitsvermittlung (Bundesagentur für Arbeit) gegründet wurde. Staatliche und halbstaatliche Institutionen sowie Arbeitgeber aus der Privatwirtschaft der Partnerländern können bei CIM ihren Bedarf an Fachkräften anmelden.
CIM vermittelt sogenannte Integrierte Fachkräfte, d.h. deutsche und europäische Experten mit speziellem Fachwissen, die dort eingesetzt werden, wo gut ausgebildete und berufserfahrene einheimische Fachkräfte fehlen. Im Unterschied zu anderen Entsendern schließen die Fachkräfte von CIM ihre Arbeitsverträge direkt mit den einheimischen Arbeitgebern ab und sind diesen gegenüber fachlich und arbeitsrechtlich verpflichtet. Weltweit sind zur Zeit über 700 CIM-Fachkräfte in mehr als 80 Ländern tätig.
CIM vermittelt Fachkräfte aller Berufsgruppen mit einer mindestens dreijährigen Berufserfahrung und Kenntnissen der Verkehrssprache des Gastlandes. Besonders stark vertreten sind Experten aus den Bereichen Bildung und Ausbildung, Industrie, Bergbau, Bauwirtschaft, Wirtschaftsplanung, Öffentliche Verwaltung, Land- und Forstwirtschaft, Fischerei sowie Gesundheitswesen.

Kontakt:www.cimonline.de

GTZ – Gesellschaft für Technische Zusammenarbeit

Die GTZ ist ein privatwirtschaftliches Unternehmen im Bundesbesitz. Sie ist in knapp 70 Ländern mit eigenen Büros vertreten. Die GTZ ist für die Umsetzung der entwicklungspolitischen Vorgaben des BMZ zuständig. Bestimmend ist dabei das Leitbild der „Nachhaltigen Entwicklung". Hauptauftraggeber der GTZ ist das BMZ, weitere Auftraggeber sind andere Bundesressorts, Regierungen anderer Länder, Europäische Kommission, Vereinte Nationen, Weltbank sowie Unternehmen der Privatwirtschaft.

Die GTZ sieht den »Wissenstransfer« in die Partnerländer als eine ihrer Hauptaufgaben an. Deswegen werden die von der GTZ entsandten Fachkräfte meist als Berater eingesetzt, die Organisationen und Institutionen in Partnerländern bei der Planung, Durchführung und Bewertung ihrer Projekte und Programme beraten. Die Fachkräfte arbeiten dabei v.a. in den Bereichen Politische Reformen (z.B. Dezentralisierung, Stadtentwicklung, Verwaltungsreformen) *Ländliche* Entwicklung (z.B. Armuts- und Hungerbekämpfung, Agrar- und Ernährungswirtschaft, Ressourcenmanagement), Soziale Entwicklung, (Gesundheit, Bevölkerung, Bildung, HIV/Aids), Umwelt und Infrastruktur (z.B. Umweltpolitik, Wasser, Abfall), Wirtschaft und Beschäftigung (z.B. Berufliche Bildung, Wirtschaftsreform).

Kontakt: www.gtz.de

DED – Deutscher Entwicklungsdienst

Der DED hat seit seiner Gründung im Jahr 1963 bereits über 10.000 Entwicklungshelfer in Partnerländer vermittelt. Von der Bundesrepublik Deutschland und dem Arbeitskreis „Lernen und Helfen in Übersee" getragen, hat der DED im Durchschnitt ca. 1000 Entwicklungshelfer im Ausland. Ziel des DEDs ist es, durch seine Tätigkeit daran mitzuarbeiten, dass sich die Lebensbedingungen der armen und benachteiligten Bevölkerungsgruppen verbessern.
Die vom DED entsandten Entwicklungshelfer verfügen über eine abgeschlossene Berufsausbildung sowie über mehrjährige Berufserfahrung. Sie arbeiten schwerpunktmäßig in den Bereichen Ländliche Entwicklung, Ressourcenschutz, Demokratieförderung, Kommunale Selbstverwaltung, Gesundheit, Zivile Konfliktbearbeitung, Friedensförderung sowie Wirtschafts- und Beschäftigungsförderung.

Kontakt: www.ded.de

Politische Stiftungen

Die Politischen Stiftungen unterhalten in vielen Entwicklungsländern Außenbüros, die v.a. im Bereich der politischen Bildungsarbeit und der Politikberatung tätig sind. Auch sie entsenden Personal in ihre Außenbüros.

Abkürzung	Stiftung	Parteinähe	Kontakt
FES	Friedrich-Ebert-Stiftung	SPD	fes.de
KAS	Konrad-Adenauer-Stiftung	CDU	kas.de
FNSt	Friedrich-Naumann-Stiftung	FDP	fnst.org
HSS	Hans-Seidel-Stiftung	CSU	hss.de
HBS	Heinrich-Böll-Stiftung	Grüne	boell.de
RLS	Rosa-Luxemburg-Stiftung	PDS	rosalux.de

Kirchliche Institutionen

AGEH – Arbeitsgemeinschaft für Entwicklungshilfe

Die AGEH ist der Personaldienst der deutschen Katholiken für Internationale Zusammenarbeit. Zu ihren Aufgaben zählen die Auswahl, Vorbereitung und Vermittlung von Fachkräften für die Mitarbeit in Entwicklungsprogrammen und -projekten. Die Partnerorganisationen sind überwiegend kirchlich ausgerichtet.

Zu den Arbeitsfeldern der AGEH gehören u.a. Gesundheitsförderung, Trägerstrukturförderung, Sozialwesen, Handwerk, die Ländliche Entwicklung, Zivile Konfliktbearbeitung, Friedensförderung, Menschenrechtsarbeit sowie Stärkung der Zivilgesellschaft. Die Fachkräfte werden auf die Dauer von drei Jahren auf Grundlage des Entwicklungshelfergesetzes entsandt. Insgesamt sind circa 250 Fachkräfte im Ausland für die AGEH tätig.

Kontakt: www.ageh.de

EED – Evangelischer Entwicklungsdienst

Neben der finanziellen Förderung von lokalen und internationalen Partnerorganisationen (insbesondere Kirchen und NROs) vermittelt auch der EED Fachkräfte auf Antrag von Partnerorganisationen (überwiegend Kirchen, kirchennahe Einrichtungen und gemeinnützige Organisationen). Vermittelt werden Personen mit unterschiedlichen Anforderungsprofilen, oft mit berufsübergreifenden Kenntnissen oder einer Doppelqualifikation. Die Fachkräfte werden unter den Konditionen des deutschen Entwicklungshelfergesetz entsandt.

Kontakt: www.eed.de

Nichtregierungsorganisationen und Sonstige

In Deutschland existiert eine Vielzahl von Nichtregierungsorganisationen und Hilfswerken, die ebenfalls Mitarbeiter ins Ausland entsenden. Eine vollständige Übersicht erhält man in der o.g. Broschüre von *InWEnt:* Institutionen der Entwicklungszusammenarbeit. An dieser Stelle soll exemplarisch lediglich auf die folgenden Organisationen hingewiesen werden:

Eirene

Eirene ist eine internationale ökumenische Organisation für Friedens- und Entwicklungsdienste, die Fachkräfte v.a. in Projekte der Bereiche Landwirtschaft, Behindertenarbeit, Zivile Konfliktbearbeitung, Menschenrechtsarbeit vermittelt. Jährlich arbeiten ca. 80 Freiwillige in sozialen Projekten und Entwicklungsprogrammen mit Eirene im Ausland. Eirene zählt zu den sechs anerkannten Entwicklungsdiensten, die ihre Mitarbeiter auf Grundlage des Entwicklungshelfergesetzes entsenden.

Kontakt: www.eirene.org

WFD – Weltfriedensdienst

Der Weltfriedensdienst ist eine entwicklungspolitische Organisation, die 1959 als Antwort auf die verheerende Erfahrung des Zweiten Weltkriegs und die schon 10 Jahre nach Kriegsende beschlossene Wiederbewaffnung gegründet wurde.

Leitwerte für die Arbeit des WFD sind Versöhnung, Völkerverständigung und Unterstützung von Partnerorganisationen im Süden, die immer auch als praktizierter Friedensdienst verstanden wird. Hauptaufgabe des Weltfriedensdienstes ist die Unterstützung von Partnerorganisationen in Afrika, Lateinamerika und Palästina. Der WFD entsendet Fachpersonal in Projekte der ländlichen Entwicklung, Frauenförderung, Umweltschutz, Ziviler Friedensdienst sowie Handwerkliche Ausbildung und Beratung

Kontakt: www.wfd.de

CFI – Christliche Fachkräfte International

CFI vermittelt Fachleute, die weltweit einheimische evangelische Kirchen und christliche Organisationen in ihrem Dienst unterstützen. Schwerpunkt ist die Förderung und Ausbildung einheimischer Mitarbeiter. Vermittelt werden engagierte Christen mit qualifizierter Fachausbildung und Berufserfahrung. Einsatzorte sind Projekte der nationalen Kirchen in den Bereichen Landwirtschaft, Gesundheitsdienst, technische und handwerkliche Ausbildung, Beratung, Bildung, etc..

www.christliche-fachkräfte.de

Ärzte ohne Grenzen

Ärzte ohne Grenzen leisten humanitäre, v.a. medizinische Nothilfe in Kriegs- und Krisengebieten, Medizinische Basisversorgung. Gesucht wird i.d.R. Personal mit medizinischem Backround.

Kontakt: www.aerzte-ohne-grenzen.de

DWHH- Welthungerhilfe

Die DWHH unterstützt Selbsthilfeprogramme in Entwicklungsländern in den Bereichen Ernährungssicherung, Trinkwasserversorgung, Ressourcenschutz, Ausbildungsförderung von Kindern, Handwerk und Gewerbe, Soforthilfe sowie Nothilfe.

Kontakt: www.welthungerhilfe.de

SIK – Sparkassenstiftung für internationale Kooperation

Seit ihrer Gründung im Jahr 1992 implementiert die Sparkassenstiftung Projekte der technischen Zusammenarbeit in allen Fachbereichen des Bankgeschäfts. Dabei unterstützt die SIK Finanzinstitutionen in Entwicklungsländern, deren Zielgruppen breite Bevölkerungsschichten sowie kleine und mittlere Unternehmen (KMU) sind.

Kontakt: www.sparkassenstiftung.de

Multilaterale Zusammenarbeit

Entwicklungspolitik wird zunehmend zu einer internationalen Gemeinschaftsaufgabe. Multilaterale Institutionen spielen daher eine wichtige Rolle. Deswegen werden im Folgenden einige Organisationen der Vereinten Nationen kurz vorgestellt.

Vereinten Nationen (VN)

1945 gegründet, haben die Vereinten Nationen die Aufgabe, an Weltfrieden, internationaler Sicherheit und sozialem Fortschritt mitzuwirken, d.h. an der Steuerung und Lösung globaler Fragen. Sitz der Vereinten Nationen, die sich aus derzeit 191 Mitgliedsstaaten zusammensetzen, ist New York. Das System der Vereinten Nationen ist hochkomplex: Es besteht im Wesentlichen aus Hauptorganen, Sonderorganisationen, Ausschüssen, Spezialorganen und Programmen, Regionalkommissionen und Fachkommissionen. Abb. 3 veranschaulicht das System der Vereinten Nationen.

Generalversammlung

Die Generalversammlung ist das oberste Organ der VN. Sie tritt stets zu einer 1-jährigen Sitzungsperiode in New York zusammen, in der zentrale Fragen beraten werden. Die Resolutionen der Generalversammlung, die von den 191 Mitgliedsstaaten verabschiedet werden, haben Empfehlungscharakter und sind völkerrechtlich nicht verbindlich, d.h. ihre Wirkungen sind v.a. politischer Natur. (2)

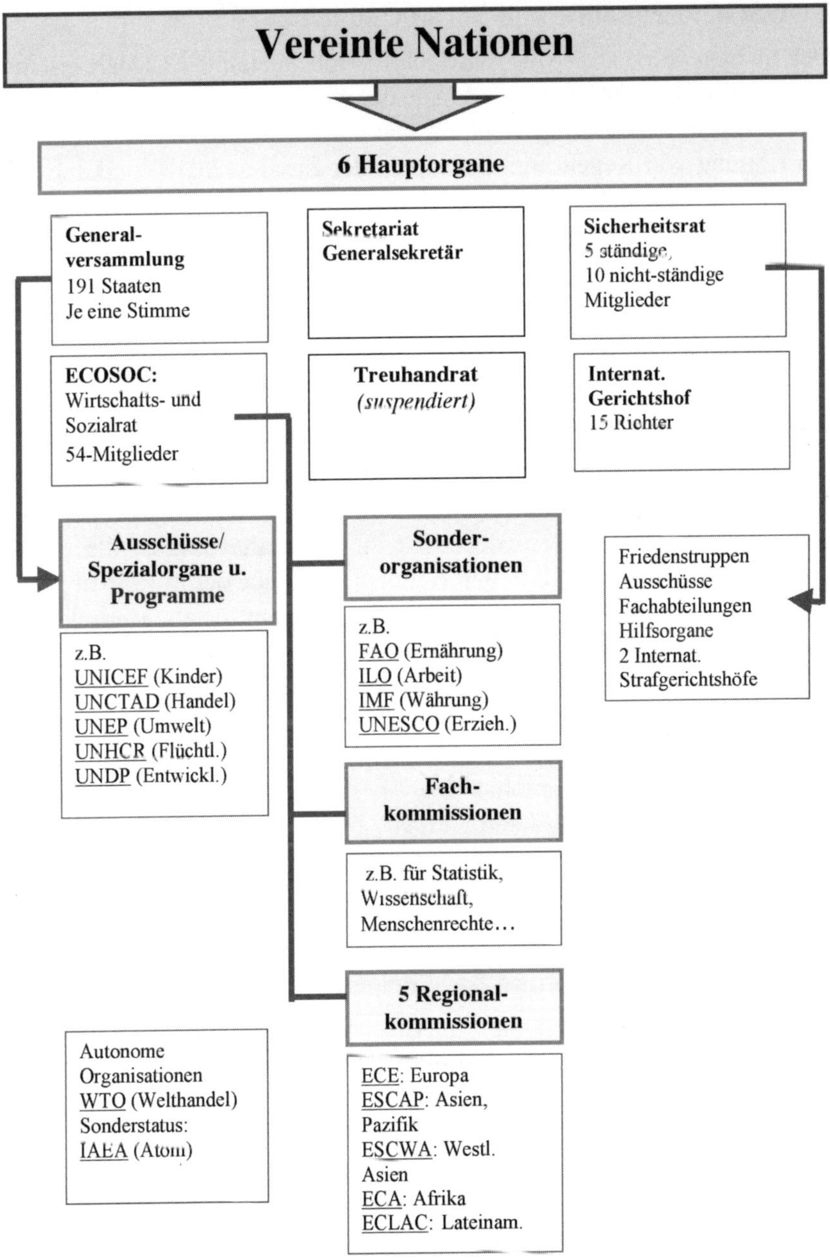

Abbildung 3: Das System der Vereinten Nationen
Quelle: in Anlehnung an www.dadalos-d.org/uno

ECOSOC: Economic and Social Council

Der in New York ansässige Wirtschafts- und Sozialrat *ECOSOC* ist für die Gesamt-Koordination der Arbeit der Vereinten Nationen zuständig. Das bedeutet z.B. die Entwicklung von Gesamtstrategien der VN sowie die Klärung von Regeln und Prinzipien der Zusammenarbeit. Der ECOSOC ist der Generalversammlung der VN unterstellt und arbeitet mit 14 spezialisierten VN-Sonderorganisationen, 11 Fonds und Programmen, 5 Regionalkommissionen sowie mit einer großen Zahl von funktionalen Kommissionen und Ausschüssen zusammen.

Kontakt: www.un.org/docs/ecosoc

FAO: Food and Agriculture Organization of the United Nations

Die Ernährungs- und Landwirtschaftsorganisation FAO ist durch die Anzahl ihrer Mitglieder, die sich aus 187 Staaten und der Europäischen Union zusammensetzen, sowie durch ihr Haushaltsvolumen die größte Sonderorganisation der Vereinten Nationen. Aufgabe der in Rom angesiedelten FAO ist es, den Zugang zu Nahrungsmitteln für die Menschen zu gewährleisten und einen Beitrag zur Überwindung von Hunger und Unterernährung zu leisten. Dies wird u.a. durch die Verbesserung landwirtschaftlicher Produktionen sowie durch Förderung der Agrarentwicklung angestrebt. Dazu arbeitet die FAO bspw. an der Aufbereitung und Bereitstellung zentraler Informationen über die für die Nahrungsmittel relevanten Sektoren (wie bspw. Land-, Forst-, Fischerei- und Ernährungswirtschaft) sowie an der Vorbereitung von Strategien zur Agrarentwicklung.

Kontakt: www.fao.org

IFAD: International Fund for Agriculture Development

Der ebenfalls in Rom ansässige Internationale Fonds für Landwirtschaftliche Entwicklung IFAD ist auf Armutsbekämpfung im ländlichen Bereich spezialisiert. Angestrebt wird dabei v.a. die Verbesserung der Lebensbedingungen der ländlichen Bevölkerung. IFAD entstand 1974 aufgrund einer Entscheidung der Welternährungskonferenz. Die VN-Sonderorganisation vergibt zinsgünstige Kredite an Entwicklungsländer, hat somit im Wesentlichen den Charakter einer internationalen Finanzierungsinstitution.

Kontakt: www.ifad.org

ILO: International Labour Organization

Mitglieder der internationalen Arbeitsorganisation ILO sind Regierungen, Arbeitgeber und Gewerkschaften von 177 Staaten. Ziel der 1919 gegründete Organisation mit Sitz in Genf ist die Einhaltung und Erhöhung internationaler Arbeits- und Sozialstandards. Instrumente sind dabei die Schaffung internationaler Arbeitsnormen sowie die Technische Zusammenarbeit. Durch die Entsendung und den Einsatz von Experten sollen die Entwicklungsländer bspw. beim Ausbau sozialer Sicherungssysteme, bei der Fortentwicklung ihrer Arbeitsmarktverwaltung sowie bei der Förderung unabhängiger Gewerkschaften und Arbeitgeberverbände unterstützt werden.

Kontakt:www.ilo.org

UNAIDS: Joint United Nations Programme on HIV/Aids

Dem gemeinsamen Programm der Vereinten Nationen UNAIDS gehören Vertreter der Geber- und Empfängerländer, Nichtregierungsorganisationen sowie die sieben internationalen Organisationen WHO, UNFPA, UNICEF, UNDP, UNESCO, UNDCP und die Weltbank an. Da die HIV-Aids-Seuche in vielen Entwicklungsländern schwere Entwicklungsprobleme verursacht, ist die Bekämpfung der Pandemie zu einer globalen politischen Mission geworden. UNAIDS arbeitet u.a. an einem Wissensmanagement in diesem Bereich, unterstützt andere Organisationen im Kampf gegen die Krankheit und führt Programme der beteiligten UN-Organisationen zusammen.

Kontakt:www.unaids.org

UN-Habitat: United Nations Programme for Human Settlements

Das Programm der Vereinten Nationen UN-Habitat mit Sitz in Nairobi, Kenia, ist die Organisation der VN, die sich mit den Themenfeldern Stadtentwicklung, Siedlungswesen und Wohnungsversorgung befasst. Ziel von UN-Habitat ist die Förderung einer nachhaltigen städtischen Entwicklung durch Instrumente wie Politikberatung, Capacity-Building und Wissensmanagement. UN-Habitat unterstützt zudem Partnerschaften zwischen Regierungen, Städten, Nichtregierungsorganisationen und dem privaten Sektor.

Kontakt:www.unchs.org

UNCTAD: United Nations Conference on Trade and Development

Aufgabe der 1964 gegründeten und in Genf ansässigen Welthandels- und Entwicklungskonferenz ist die Förderung des Handels und der Entwicklung auf weltweiter Ebene, mit dem Ziel, dass alle Länder von Globalisierung und der Integration in die Weltwirtschaft profitieren können. Instrumente der UNCTAD sind u.a. Diskussionsforen, Forschungstätigkeiten, Beratungsdienstleistungen sowie technische Hilfe. Ihre Beratungsaufgaben nimmt die UNCTAD v.a. gegenüber den Entwicklungsländern wahr, um sie dabei zu unterstützen, zu einer stärkeren Position in der Weltwirtschaft zu gelangen.

Kontakt:www.unctad.org

UNODC: United Nations Office on Drugs and Crime

Das in Wien angesiedelte Büro für Drogen- und Verbrechensbekämpfgung führt einerseits ein Drogenkontrollprogramm durch und andererseits ein Programm, dass auf die Bekämpfung von Verbrechen abzielt. Das Drogenkontrollprogramm arbeitet an einer Stärkung der internationalen Bemühungen gegen illegale Drogenproduktion, -handel und -kriminalität sowie an der präventiven Aufklärung bzgl. des Konsums von Drogen. Das Programm der Verbrechensbekämpfung arbeitet in den Bereichen Prävention, internationales Strafrecht und Justizreform.

Kontakt: www.unodc.org

UNDG: United Nations Development Group

Die Entwicklungsgruppe *UNDG* bildet einen Zusammenschluss von Programmen, Fonds und Sonderorganisationen der VN, die sich auf die Entwicklungszusammenarbeit beziehen. Ziel ist dabei die verstärkte Kohärenz der Entwicklungspolitik. Die Mitglieder von UNDG führen in mehr als 150 Ländern Programme durch, die sich bspw. auf die Bereiche Armutsbekämpfung, Good Governance, nachhaltige Entwicklung, Menschenrechte, Bevölkerungspolitik, Gesundheit, Bildung, Ernährungssicherung und Gender beziehen.

Kontakt: www.undg.org

UNDP: United Nations Development Programme

Das 1965 gegründete Entwicklungsprogramm UNDP hat seinen Sitz in New York und 132 Länderbüros weltweit. Ziel des Entwicklungsprogramms der VN ist die Umsetzung der Milleniums-Entwicklungsziele, welche u.a. die Halbierung der in Armut lebenden Menschen bis 2015 anstrebt. Aufgaben von UNDP sind dabei v.a. die Politikberatung der Programmländer, die Koordinierung der UN-Aktivitäten auf Länderebene sowie die Veröffentlichung von Berichten, durch welche international auf die Situation der Entwicklungsländer aufmerksam gemacht werden soll, wie bspw. durch den „Human Development Report".

Kontakt:www.undp.org

UNESCO: United Nations Educational, Scientific and Cultural Organization

Die in Paris ansässige UN-Sonderorganisation für Bildung, Wissenschaft, Kultur und Kommunikation setzt sich aus 190 Mitgliedsstaaten zusammen. Durch die Förderung der internationalen Zusammenarbeit in Bildung, Wissenschaft, Kultur und Kommunikation möchte die UNESCO einen Beitrag zu internationaler Friedenssicherung beitragen. Schwerpunkte der Arbeit der UNESCO sind die Themenbereiche Bildung, Naturwissenschaften, Sozial- und Humanwissenschaften sowie Kommunikation und Information.

Kontakt:www.unesco.org

UNEP: United Nations Environmental Programme

Das 1972 gegründete Umweltprogramm der VN ist keine eigenständige Unterorganisation, sondern ein Unterorgan der Generalversammlung. UNEP gliedert sich in ein Sekretariat in Nairobi, Kenia, und sechs Regionalbüros. Aufgabe von UNEP ist primär die Identifizierung von Umweltschutzproblemen und die Koordinierung von Umweltprogrammen. Schwerpunkte der Arbeit von UNEP sind daher Umweltbeobachtung und –bewertung, Weiterentwicklung des internationalen Umweltrechts sowie Aus- und Fortbildung.

Kontakt: www.unep.org

UNFPA: United Nations Population Fund

Ein Bewusstsein für die globalen Auswirkungen von nationalen und internationalen Bevölkerungsproblemen zu schaffen und nach Strategien zur Problemlösung zu suchen, ist Aufgabe des Bevölkerungsfonds UNFPA. Ebenso lanciert UNFPA Themen wie reproduktive Gesundheit und Menschenrechtsaspekte der Familienplanung in die internationale Öffentlichkeit.

Kontakt:www.unfpa.org

UNICEF: United Nations Children´s Fund

Das in 160 Ländern aktive Kinderhilfswerk ist seit 1953 v.a. auf die Unterstützung von Kindern und Jugendlichen in Entwicklungsländern ausgerichtet. Schwerpunkte sind dabei: frühkindliche Entwicklung, Impfungen, Bekämpfung von HIV-Aids, Bildung für Mädchen sowie Schutz vor Gewalt gegen Kinder.

Kontakt:www.unicef.org

UNIFEM: United Nations Development Fund for Women

1985 in New York gegründet, setzt sich der Entwicklungsfonds UNIFEM v.a. für die Rechte von Frauen und für Gleichberechtigung zwischen Männern und Frauen weltweit ein. Organisatorisch ist UNIFEM in das UN-Entwicklungsprogramm (UNDP) integriert. Über UNDP lanciert UNIFEM die Forderung nach Gleichberechtigung auch in den Politikdialog auf internationaler Ebene sowie in die Planung von Entwicklungsprojekten. Zudem führt UNIFEM selbst Projekte durch, bspw. in Bereichen wie Wirtschaftsförderung für Frauen, Sensibilisierung von Regierungsstellen und NRO für geschlechtsspezifische Belange sowie in der Überwindung von Gewalt gegen Frauen.

Kontakt:www.unifem.org

UNOPS: United Nations Office for Project Services

Das 1995 in New York gegründete Büro für Projektdienste UNOPS ist eine selbständige und unabhängige Dienstleistungsorganisation der Entwicklungszusammenarbeit. UNOPS wird von anderen Institutionen der

UN mit der Durchführung von Entwicklungsprojekten betraut. Dabei finanziert sich UNOPS vollständig selbst, also über die Einnahmen aus der Durchführung von Projekten. Das Angebot von UNOPS beinhaltet z.B. Projektmanagement, Bereitstellung von Gütern und Dienstleistungen, Verwaltung von Darlehen sowie das Monitoring von Projekten.

Kontakt:www.unops.org

UNV: United Nations Volunteers

Sitz des Freiwilligenprogramms der Vereinten Nationen ist seit 1996 Bonn. Aufgabe von UNV ist die Unterstützung der Entwicklungszusammenarbeit der Vereinten Nationen. UNV vermittelt dazu berufserfahrene Experten aus Entwicklungs- und Industrieländern als Freiwillige für einige Monate bis Jahre in Programme der EZ. Partner sind dabei die UN-Organisationen bzw. Friedens-Missionen sowie andere internationale Organisationen. Ungefähr zwei Drittel aller Freiwilligen stammen aus den Entwicklungsländern (Süd-Süd-Austausch). 2002 wurden bspw. Freiwillige aus 158 Nationen vermittelt, die in 139 Ländern eingesetzt wurden.

Kontakt:www.unv.org

WHO: World Health Organisation

Aufgaben der WHO sind der Auf- und Ausbau von leistungsfähigen Gesundheitsdiensten sowie die Unterstützung von Industrie- und Entwicklungsländern bei der Prävention und Bekämpfung von Krankheiten. Die WHO gilt als die zentrale Institution für den multilateralen Gesundheitsbereich, sie steht für eine ausgewogene Gesundheitspolitik und Qualitätssicherung in diesem Sektor.

Kontakt:www.who.org

WFP: World Food Programme

Aufgabe des 1963 gegründeten und in Rom ansässigen WFP ist die Versorgung von Bedürftigen in besonderen Notlagen, wie bspw. Bürgerkriegsflüchtlinge oder Opfer von Dürrekatastrophen. Zudem unterstützt das WFP Vorhaben von Entwicklungsländern, in denen Nahrungsmittel zur ökonomischen und sozialen Entwicklung eingesetzt werden, bspw. Selbsthilfeprojekte, in denen die Arbeitskräfte durch Nahrungsmittel entlohnt werden.

Kontakt:www.wfp.org

World Bank Group

Die in Washington D.C. ansässige Weltbankgruppe ist eine Sonderorganisation der Vereinten Nationen und gliedert sich in die folgenden Unterorganisationen: Internationale Bank für Wiederaufbau und Entwicklung (International Bank for Reconstruction and Development – IBRD); Internationale Entwicklungsorganisation (Internationale Finance Corporation-IFC); Multilaterale Investitions-Garantie-Agentur (Multilateral Investment Guarantee Agency – MIGA); Internationales Zentrum für die Beilegung von Investitionsstreitigkeiten (International Center for the Settlement of Investment Disputes – ICSID).
Kernaufgabe der Weltbankgruppe ist die Umsetzung der internationalen Entwicklungsziele hierbei v.a. die Armutsbekämpfung. Dabei wird mit folgenden Ansätzen gearbeitet: Vergabe von langfristigen Darlehen zu marktnahen Konditionen (IBRD), Vergabe von zinslosen, langfristigen Krediten für Investitionsprojekte, umfassende Reformprogramme und technische Hilfe (IDA), Förderung der Privatwirtschaft durch Beteiligung an Firmen (IFC) und Förderung der Privatwirtschaft durch Übernahme von Garantien (MIGA).

Kontakt: www.worldbank.org

International Monetary Fund – IMF

Der 1944 gegründete Internationale Währungsfonds IMF stellt ebenso wie die Weltbankgruppe eine Sonderorganisation der Vereinten Nationen dar. Dem ebenfalls in Washington angesiedeltem IMF gehören derzeit 183 Mitgliedsländer an. Voraussetzung für die Mitgliedschaft eines Landes ist die Bereitschaft, enge währungspolitische Kooperation mit dem IMF einzuhalten. Aufgabe des IMF ist es, die internationale währungspolitische Zusammenarbeit zu fördern, die Stabilität der Währungen zu unterstützen und auf einen ausgewogenen Welthandel hin zu wirken.

Kontakt: www.worldbank.org

Sonderorganisationen der Vereinten Nationen			
ILO	International Labour Organization	Internationale Arbeitsorganisation	ilo.org
FAO	Food and Agriculture Organization of the United Nations	Ernährungs- und Landwirtschaftsorganisation der Vereinten Nationen	fao.org
UNESCO	United Nations Educational, Scientific and Cultural Organization	Organisation der Vereinten Nationen für Erziehung, Wissenschaft und Kultur	unesco.org
ICAO	International Civil Aviation Organization	Internationale Zivilluftfahrt-Organisation	icao.int
IBRD	International Bank for Reconstruction and Development	Internationale Bank für Wiederaufbau und Entwicklung (Weltbank)	worldbank.org
IFC	International Finance Corporation	Internationale Finanz-Korporation	worldbank.org
IDA	International Development Association	Internationale Entwicklungsorganisation	worldbank.org
IMF	International Monetary Fund	Internationaler Währungsfonds	imf.org
UPU	Universal Postal Union	Weltpostverein	upu.int
WHO	World Health Organization	Weltgesundheitsorganisation	who.int
ITU	International Telecommunication Union	Internationale Fernmeldeunion	itu.int
WMO	World Meteorological Organization	Weltorganisation für Meteorologie	wmo.ch
IMO	International Maritime Organization	Internationale Seeschifffahrts-Organisation	imu.org
WIPO	World Intellectual Property Organization	Weltorganisation für geistiges Eigentum	wipo.int
IFAD	International Fund for Agricultural Development	Internationaler Fonds für landwirtschaftliche Entwicklung	ifad.org
UNIDO	United Nations Industrial Development Organization	Organisation der VN für industrielle Entwicklung	unido.org

Autonome Organisationen			
WTO	World Trade Organization	Welthandelsorganisation	wto.org
IAEA	International Atomic Energy Agency	Internationale Atomenergie-Behörde	iaea.org

Spezialorgane der Vereinten Nationen			
mit direkter Berichterstattung an die Generalversammlung:			
UNRWA	United Nations Relief and Works Agency for Palestine Refugees in the Near East	Hilfswerk der Vereinten Nationen für Palästinaflüchtlinge im Nahen Osten	unrwa.org
UNITAR	United Nations Institute for Training and Research	Ausbildungs- und Forschungsinstitut der Vereinten Nationen	unitar.org
mit Berichterstattung an die Generalversammlung über den Wirtschafts- und Sozialrat:			
UNICEF	United Nations Children´s Fund	Kinderhilfswerk der Vereinten Nationen	unicef.org
UNHCR	United Nations High Commissioner for Refugees	Hoher Kommissar der Vereinten Nationen für Flüchtlinge	unhcr.org
WFP	World Food Programme	Welternährungsprogramm	wfp.org
UNCTAD	United Nations Conference on Trade and Development	Handels- und Entwicklungskonferenz der Vereinten Nationen	unctad.org
UNDP	United Nations Development Programme	Entwicklungsprogramm der Vereinten Nationen	undp.org
UNFPA	United Nations Population Fund	Bevölkerungsfonds der Vereinten Nationen	unfpa.org

Spezialorgane der Vereinten Nationen

mit Berichterstattung an die Generalversammlung über den Wirtschafts- und Sozialrat:

UNV	United Nations Volunteers Programme	Entwicklungshelfer-programm der Vereinten Nationen	unu.edu
UNU	United Nations University	Universität der Vereinten Nationen	unep.org
UNEP	United Nations Environment Programme	Umweltprogramm der Vereinten Nationen	wfp.org
WFC	World Food Council	Welternährungsrat	unhabitat.org
UNCHS	United Nations Centre for Human Settlements	Zentrum der Vereinten Nationen für Wohn- und Siedlungswesen	un-instraw.org
INSTRAW	International Research and Training Institute for the Advancement of Women	Internationales Forschungs- und Ausbildungsinstitut zur Förderung der Frau	unhchr.ch
UNHCHR	United Nations High Commissioner for Human Rights	Hoher Kommissar der Vereinten Nationen für Menschenrechte	unv.org

Regionalkommissionen

ECE	Economic Commission for Europe	Wirtschaftskommission für Europa	unece.org
ESCAP	Economic and Social Commission for Asia and the Pacific	Wirtschafts- und Sozialkommission für Asien und den Pazifik	unescap.org
ECLAC	Economic Commission for Latin America and the Caribbean	Wirtschaftskommission für Lateinamerika und die Karibik	eclac.cl
ECA	Economic Commission for Africa	Wirtschaftskommission für Afrika	uneca.org
ESCWA	Economic and Social Commission for Western Asia	Wirtschafts- und Sozialkommission für Westasien	escwa.org.lb

Menschenrechtsausschüsse			
CERD	Committee on the Elimination of Racial Discrimination	Ausschuss für die Beseitigung der rassischen Diskriminierung	ohchr.org
CCPR / HRC	Human Rights Committee (under the International Convenant on Civil and Political Rights)	Menschenrechtsausschuss (unter dem Internationalen Pakt über bürgerliche und politische Rechte)	ohchr.org
CEDAW	Committee on the Elimination of Discrimination against Women	Ausschuss für die Beseitigung der Diskriminierung der Frau	un.org/womenwatch daw/cedaw
CESCR	Committee on Economic, Social and Cultural Rights	Ausschuss für wirtschaftliche, soziale und kulturelle Rechte	ohchr.org
CAT	Committee against Torture	Ausschuss gegen Folter	ohchr.org
CAAS	Commission against Apartheid in Sports	Kommission gegen Apartheid im Sport	ohchr.org
CRC	Committee on the Rights of the Child	Ausschuss für die Rechte des Kindes	ohchr.org

Abbildung 4: Organisationen der Vereinten Nationen, Quelle: www.dadalos-d.org/uno

Europäische Union (EU)

Die Europäische Union und ihre Mitgliedsstaaten leisten mehr als die Hälfte der weltweiten Entwicklungszusammenarbeit. Für viele Entwicklungsländer ist die EU als größter Binnenmarkt der wichtigste Handelspartner. Die Kombination aus finanziellem, wirtschaftlichem und politischem Einfluss macht die EU und ihre Mitgliedsstaaten zu einem wichtigen Akteur der Entwicklungspolitik. Die Programme der EU erreichen derzeit ca. 150 Partnerländer. Dabei hat die Zusammenarbeit mit den sogenannten AKP-Ländern (Afrika, Karibik und Pazifik) eine Sonderstellung [(1)].

Allerdings ist die Entwicklungspolitik der EU bis heute fragmentiert geblieben, da sie mit verschiedenen Systemen durchgeführt wird, die historisch gewachsen sind und die über unterschiedliche Verfahrenswei-

Altstadt Quito (Ecuador) Foto: Johannes Messbacher

Burkina Faso Foto: Astrid Gerz

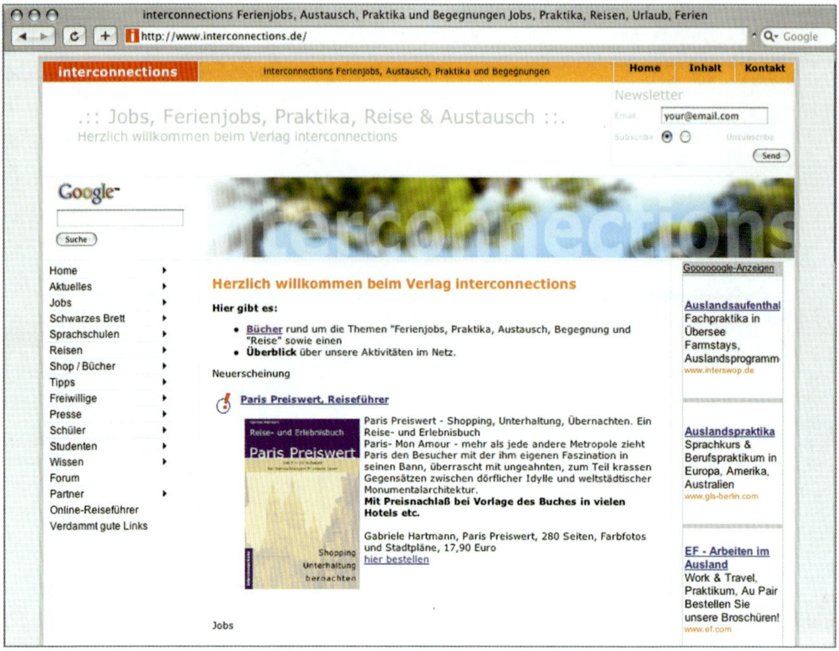

interconnections.de   Jobs, Praktika, Austausch und Begegnungen
www.interconnections.de

Fortbildung Online   Alles rund um Fort- und Weiterbildung
www.fortbildung-online.de

Präsidentenpalast Quito (Ecuador) Foto: Johannes Messbacher

Staatliche Universität Cuenca (Ecuador) Foto: Ursula Goeth

Altstadt Cuenca (Ecuador)

sen abgewickelt werden. Im Unterschied zu anderen Politikfeldern wie bspw. der Handelspolitik, welche die Union gemeinsam durchführt, teilen sich die EU und ihre Mitgliedsstaaten im Feld der Entwicklungspolitik die Zuständigkeiten. Die EU ist somit neben den Mitgliedsstaaten der 26.-te europäische Entwicklungshilfegeber. Entwicklungspolitik gilt daher als »Stiefkind der europäischen Integration« (2).

Instrumente

Die EU verfügt über Instrumente wie Finanzielle und Technische Zusammenarbeit, Nahrungsmittelhilfe, humanitäre Hilfe in Not- und Katatstrophenfällen, Zuschüsse für NROs, Beiträge an internationale Organisationen sowie Darlehen der Europäischen Investitionsbank.

Ziele

Ziele der Entwicklungspolitik der EU sind – laut Maastrichter Vertrag von 1992 – die Förderung nachhaltiger wirtschaftlicher und sozialer Entwicklung, die Integration der Entwicklungsländer in die Weltwirtschaft, Armutsbekämpfung, Demokratie, Rechtsstaatlichkeit sowie die Förderung der Menschenrechte. Ende 2000 hatte die EU ihre entwicklungspolitischen Ziele weiter präzisiert und einen Reformprozess ihrer EZ eingeleitet. Seitdem wurde die Armutsbekämpfung – im Sinne der Millenium-Development-Goals – zum vorrangigen Ziel der EU-Entwicklungspolitik erklärt. Die europäische EZ konzentriert sich dabei auf die sechs Schwerpunkte Zusammenhang zwischen Handel und Entwicklung, Regionale Integration und Kooperation, Unterstützung makroökonomischer Politik und Förderung eines gleichberechtigten Zugangs zu sozialen Diensten, Transport, Ernährungssicherung und nachhaltige ländliche Entwicklung sowie Ausbau der institutionellen Kapazitäten.

Strukturen

Finanziert wird die Entwicklungszusammenarbeit der EU einerseits aus dem allgemeinen *EU-Haushalt* und andererseits aus dem *Europäischen Entwicklungsfonds* (EEF). Diese Zweigleisigkeit hat historische Gründe.

Über den *EEF* wird die Zusammenarbeit mit den 78 sogenannten AKP-Staaten (Länder Afrikas, der Karibik und des Pazifiks) finanziert. In diesen Fonds zahlen die EU-Mitgliedsstaaten freiwillige Beiträge ein – zusätzlich zu ihren Einzahlungen in den EU-Haushalt. Der EEF wird alle fünf Jahre nach Verhandlungen, die z.T. schwierig verlaufen, von den Mitgliedsstaaten neu aufgefüllt. Der EEF umfasst ca. 40% der gesamten gemeinschaftlichen EZ der EU.

Die Entwicklungszusammenarbeit mit den anderen Ländern und Regionen wird aus dem allgemeinen *EU-Haushalt* finanziert. Außerdem werden aus dem EU-Haushalt die Nahrungsmittelhilfe, die humanitäre Hilfe sowie Zuschüsse für die Arbeit von Nichtregierungsorganisationen finanziert.

Im Rahmen dieser Reformen wurde den *EU-Delegationen* in den Partnerländern mehr Personal und Befugnisse zur Verfügung gestellt. Zudem wird eine „EZ aus einem Guss" angestrebt, d.h. eine verstärkte Koordinierung der Hilfsprogramme der Gemeinschaft und ihrer Mitgliedsstaaten.

Kontakt:

- Portal der EU: *europa.eu.int*
- Amt für humanitäre Hilfe ECHO: *europa.eu.int/comm/echo*
- Amt für Zusammenarbeit: *europa.eu.int/comm/europeaid*
- Directorate General for Development: *europa.eu.int/com*
- *europa-kontakt.de* (Ausschreibungsdienst: Übersicht über Stellenangebote von EU-Institutionen und –Agenturen)

Fazit

- Die EZ zeichnet sich durch eine Vielfalt an verschiedenen Institutionen und Arbeitgebern aus.
- Jede Institution vertritt ein eigenes Profil, Werte und Grundsätze. Viele Institutionen arbeiten in unterschiedlichen Bereichen der Entwicklungszusammenarbeit.
- In der Regel werden von den Institutionen Mitarbeiter gesucht, die in das bereits vorhandene Profil der jeweiligen Institution passen. Wer sich für eine Tätigkeit in der EZ interessiert, sollte sein eigenes Profil

zunächst gut analysieren und sich dann gezielt bei denjenigen Institutionen bewerben, welche die meiste Stimmigkeit mit dem eigenen Profil ausweisen. Fragen könnten dabei sein:

- ✔ Welche Werte werden in dem eigenen Lebenslauf deutlich? Welche Werte spiegeln sich in dem beruflichen Profil wieder? Hat man sich nebenbei engagiert? (bspw. eher kirchliche, politische, soziale, professionelle Ausrichtung)
- ✔ Möchte man bspw. an der Basis arbeiten (bspw. mit Selbsthilfeinitiativen) oder eher auf der Planungsebene (bspw. bei der Beratung eines Ministeriums) arbeiten?
- ✔ Möchte man eher in einer kleinen Nicht-Regierungs-Organisation arbeiten, oder in einem größeren staatlichen Unternehmen?

Altstadt Quito (Ecuador) Foto: Johannes Messbacher

Stellenstruktur, -bedarf und -ausschreibungen

Stellenstruktur und Stellenbedarf

Bilaterale Zusammenarbeit

Die bilaterale Entwicklungszusammenarbeit ist ein vergleichsweise kleines Berufsfeld. Ingesamt sind laut einer Statistik des Deutschen Instituts für Entwicklungspolitik etwa 7.100 Akademiker in der bilateralen Entwicklungszusammenarbeit beschäftigt. Davon sind etwa 4.200 Fachkräfte im Ausland und 2100 im Inland tätig.(3)

Übersicht: Stellenstruktur der bilateralen Zusammenarbeit

Abbildung 6 zeigt, auf welche Institutionen sich die Mitarbeiter in der bilateralen Entwicklungszusammenarbeit verteilen: Im Jahr 2000 waren demnach Integrierte Fachkräfte (CIM) mit 750 Auslandsmitarbeiter vertreten, Fachkräfte bzw. Experten der GTZ mit 1.520 und Entwicklungshelfer des DEDs und anderer Entwicklungsdienste wie AGEH, EED, WFD mit 1.100 Mitarbeitern. (Bitte umblättern)

(rechte) Abbildung 5: Bestand und Bedarf an Mitarbeitern in Einrichtungen der bilateralen Entwicklungszusammenarbeit der Bundesrepublik Deutschland, Quelle: DIE

Bestand und Bedarf an Mitarbeitern in Einrichtungen der bilateralen Entwicklungszusammenarbeit in der Bundesrepublik Deutschland (1)

Organisation	Bestand 2000 Inland	Bedarf Inland Jährlich	Bestand 2000 Ausland	Bedarf Ausland Jährlich
Ministerien des Bundes und der Länder			Ca. 70 beurlaubt /versetzt	----
BMZ	200	7		
Länder	40	1		
Vorfeldinstitutionen				
BGR	30	2	20	4
KfW	320	20	15	5
CIM (2)	----	----	735	150
InWEnt (CDG)	28	3	----	----
DEG	200	10	6	----
DIE	26	2	----	----
InWEnt (DSE)	96	5	----	----
GTZ	790	50	1.520	170
DED (3)	65	3	A: 35 B: 700	A: 3 B: 230
andere Entwicklungsdienste /Kirchen (4)	150	8	400	100
Politische Stiftungen	80	----	240	7
Sonstige private Träger (5)	450	25	250	80
Regionalvereine und BfAI	30	----	40	8
AHK des DIHT	----	----	150	20
Wissenschaftliche Einrichtungen (6)	400	60	----	----
Summe	**2.905**	**196**	**4.181**	**777**

Anmerkungen:

1. Die Bestands- und Bedarfszahlen beziehen sich auf Mitarbeiter mit Hochschulabschluss, die mit unbefristeten, zunehmend auch befristeten und Teilzeitverträgen in Institutionen arbeiten, die überwiegend in der Entwicklungszusammenarbeit tätig sind. Ohne Berücksichtigung der Mitarbeiter von Consultings.
2. Mitarbeiter in der Zentrale sind GTZ-Angestellte.
3. A=Beauftragter, B=Entwicklungshelfer (mit Hochschulabschluss)
4. EED (DÜ, EZE), CFI, AGEH, Brot für die Welt, KZE, Eirene. Im Inland werden freiwerdende Stellen nur zum Teil wiederbesetzt (Schätzung 5% p.a.); der Bedarf im Ausland fluktuiert sehr stark, und die vertragliche Ausgestaltung der Beschäftigungsverhältnisse ist sehr unterschiedlich. Die angegebene Zahl von 100 ist daher nur als grober Richtwert zu verstehen.
5. NRO, die Mitglieder von VENRO sind, außer Entwicklungsdiensten und Kirchen
6. z.B. HWWA, IFO, DIW entwicklungspolitisch orientierte Universitätsinstitute

Stellenstruktur Entwicklungshelfer

Betrachtet man nun lediglich die Anzahl der Entwicklungshelfer, so waren nach Auskunft des »Arbeitskreises Lernen und Helfen in Übersee« im Jahr 2004 insgesamt 1.417 Entwicklungshelfer im Ausland tätig (siehe Abbildung 7). Derjenige Entsendedienst mit den meisten Entwicklungshelfern im Ausland stellte mit knapp 900 Entwicklungshelfern der DED dar, gefolgt von der AGEH mit 180 und dem EED mit 180.

Von diesen insgesamt 1.417 Auslandsmitarbeitern waren 808 Männer und 609 Frauen, sodass unter den Entwicklungshelfern das Geschlechterverhältnis relativ ausgeglichen ist. Von der Altersstruktur her gesehen war die Gruppe der zwischen 31 und 40-Jährigen mit 40% die stärkste Gruppe, gefolgt von den 41 bis 50-Jährigen. Regionaler Schwerpunkt der Auslandseinsätze der oben genannten Organisationen war Afrika, gefolgt von Asien.

Organisation	Anzahl
DED: Deutscher Entwicklungsdienst	899
AGEH: Arbeitsgemeinschaft für Entwicklungshilfe	210
EED: Evangelischer Entwicklungsdienst	180
CFI: Christliche Fachkräfte International	71
WFD: Weltfriedensdienst	31
Eirene	26
	1.417

Männer	Frauen
808	609
Alter	**Anteil**
Unter 30 Jahre	100 Vertragsnehmer/innen
31–40 Jahre	40%
41–50 Jahre	33%

Abbildung 6: Auslandsmitarbeiter nach Entsendeorganisation
Quelle: Arbeitskreis Lernen und Helfen in Übersee

Stellenbedarf

Betrachtet man nun den jährlichen Bedarf, d.h. die Stellen, die während eines Jahres neu besetzt werden, so kommt man nach einer Schätzung des Deutschen Instituts für Entwicklungspolitik im *Inland* auf 196 Stellen und im *Ausland* auf 777 Stellen (siehe Abb. 5).

Während für Stellen im Ausland also knapp 800 MitarbeiterInnen pro Jahr gesucht und eingestellt werden, können im Inland nur knapp 200 Stellen neubesetzt werden.

Aus entwicklungspolitischer Sicht ist dies zwar zu begrüßen, da von Deutschland aus lediglich die administrative Steuerung der EZ vorgenommen wird und werden sollte. Ein Großteil der Entwicklungshilfe-Gelder erreicht die Entwicklungsländer also folgerichtig in Form von Experten bzw. Arbeitskraft und »versickert« nicht in den hiesigen Verwaltungen. Aus beruflicher Sicht impliziert dies jedoch auch, dass man sich i.d.R. nicht darauf verlassen kann, nach einigen Jahren einer Tätigkeit im Ausland in Deutschland im Bereich der EZ Fuß fassen zu können.

Erwartete zukünftige Stellen-Entwicklung

Nach Einschätzung des Deutschen Instituts für Entwicklungspolitik wird der Personalbedarf in der Entwicklungszusammenarbeit in Zukunft nicht expandieren, sondern stagnieren, wenn er nicht sogar sinkt. Es wird zukünftig also zwar einen »Ersatzbedarf«, aber keinen »Expansionsbedarf« mehr geben.

Zudem wird sich die Art des Personaleinsatzes in Zukunft stark verändern. Anstelle von Langzeitexperten werden in Zukunft zunehmend Kurzzeitexperten eingesetzt, da in vielen Entwicklungsländern mittlerweile sehr gut ausgebildetes Personal vorhanden ist. [(4)]

Multilaterale Zusammenarbeit

In den circa 200 internationalen Organisationen, in denen Deutschland Mitglied ist, sind die Deutschen mit rund 4.500 Mitarbeitern vertreten. Dr. Burghard Claus vom Deutschen Institut für Entwicklungspolitik weist darauf hin, dass der deutsche Personalanteil dabei bislang nicht mit dem deutschen Finanizerungsanteil korreliert. Deutschland zahlt also einen vergleichsweise hohen Beitrag in internationale Organisationen, weist aber einen vergleichsweise niedrigen Personalanteil auf. Als einen der Gründe hierfür wird der erst 1973 erfolgte Beitritt Deutschlands in die Vereinten Nationen gesehen [(5)]. Abbildung 8 vergleicht den Personal- und Beitragsanteil Deutschlands und Frankreichs und verdeutlicht diese Korrelation.

Insgesamt sind die Deutschen in den internationalen und supranationalen Organisationen mit ca. 4500 Beschäftigten in Positionen, die mit dem höheren Dienst vergleichbar sind, vertreten. Diese teilen sich auf 852 Beschäftigte in den Vereinten Nationen, 484 in den Koordinierten Organisationen, und 1574 Beschäftigte in der Europäischen Union auf (vgl. Abbildung 9).

Internationale Organisation	**Deutschland**		**Frankreich**	
	Beitrags-quote	*Personal-anteil*	*Beitrags-quote*	*Personal-anteil*
UNICEF	0,8	2,3	1,0	4,6
UNHCR	9,8	3,3	6,5	6,5
FAO	9,9	6,6	7,5	6,6
UNESCO	12,9	4,2	8,6	11,9
Weltbank	4,49	2,9	4,31	4,8

Abbildung 7: Beitrags- und Personalanteil bei internationalen Organisationen, Quelle: DIE

Beschäftigte in den inter- und supranationalen Organisationen (in dem höheren Dienst vergleichbaren Positionen)		
Organisationen	**Beschäftigte am 01.01.2003**	
	Insgesamt	**Davon Deutsche**
I. Vereinte Nationen Davon: VN-Sekretariat einschl. Unterorgane sowie VN-Hilfswerke und –Spezialorgane VN-Sonderorganisationen und autonome VN-Organisationen VN-Finanz/Bankinstitute	**20.792** (7.392) (7.151) (6.249)	**852** (300) (323) (229)
II. Koordinierte Organisationen	**3.565**	**484**
III. Europäische Union	**11.746** (+ ca. 900 Nationale Sachverständige)	**1.574** (+ ca. 140 Nationale Sachverständige)
IV. Sonstige Organisationen	**10.759**	**1.451**
Gesamtzahl der Beschäftigten	**47.762**	**4.501**

Abbildung 8: Beschäftigte in inter- und supranationalen Organisationen, Quelle: DIE

Zu dem aktuellen – bereits geringem – Personalanteil Deutscher in den internationalen Organisationen kommt, dass sich für die nächsten Jahre ein umfassender Personalwechsel ankündigt, da viele Mitarbeiter in den Ruhestand gehen werden. Dieser Personalmangel wird auch als „Deutsche Delle" bezeichnet [6].

Stellenausschreibungen

Entwicklungspolitische Internet-Stellenbörsen

Auch in dem Berufsfeld Entwicklungszusammenarbeit/Internationale Zusammenarbeit werden vakante Stellen zunehmend im Internet ausgeschrieben. Auf den folgenden Internetseiten findet man freie Auslandsstellen verschiedener Entsendeorganisationen sowie auch Inlandsstellen entwicklungspolitisch engagierter Organisationen:

Stellenpool	Kommentar
auswaertiges-amt.de	Auf dieser Seite des Auswärtigen Amtes findet sich ein internationaler Stellen- und Personalpool. In dem internationalen *Stellenpool* werden Stellen von internationalen Organisationen wie bspw. UN, UNESCO, OECD ausgeschrieben. In den internationalen *Personalpool* kann man seine persönlichen Daten einspeisen. Man erhält ein Schlüsselwort und kann von Zeit zu Zeit seine eingespeisten Daten auf Treffer passender Stellen hin abfragen. Auf diese Weise erhält man eine Vorauswahl der zum eigenen Profil passenden Stellen und muss nicht selber alle vakanten Stellen daraufhin durchforsten, ob sie zu dem eigenen Profil passen.
entwicklungs-dienst.de	Auf dieser Seite des Arbeitskreises Lernen und Helfen in Übersee finden sich vakante Stellen, aber auch Praktikumsmöglichkeiten sowie Möglichkeiten für kurzfristige Auslandseinsätze. Dabei werden nicht nur die Stellen von Organisationen aus Deutschland ausgeschrieben, sondern auch Stellen von Organisationen in Österreich, der Schweiz etc. Diese Seite wird täglich aktualisiert.

Stellenpool	Kommentar
epo.de	Auf dieser Webseite findet man aktuelle Ausschreibungen für Stellen im In- und Ausland. Wenn man möchte, kann man zudem sein Stellengesuch gegen ein geringes Entgelt auf diese Seite setzen lassen.
reliefweb.org	Hier finden sich Stellenausschreibungen Internationaler Organisationen, insbesondere im Bereich der Nothilfe; man kann sich in einen kostenlosen Newsletter eintragen und bekommt die neu ausgeschriebenen Stellen regelmäßig zugemailt.
europa-kontakt.de	Auf dieser Webseite findet sich eine Übersicht über Stellenangebote von EU-Institutionen und –Agenturen, u.a. auch Stellenausschreibungen bei EU-Delegationen in Entwicklungsländern

Abbildung 9: Entwicklungspolitische Internet-Stellenbörsen

Stellenausschreibungen deutscher Entsendeorganisationen

Vakante Stellen schreiben Entsendeorganisationen auch direkt auf ihren Homepages aus. Hier kann auf der Ebene der bilateralen Zusammenarbeit insbesondere bei den folgenden Entsendeorganisationen gesucht werden:

Abkürzung	Organsation	Kontakt
AGEH	Arbeitsgemeinschaft für Entwicklungshilfe	ageh.de
CIM	Centrum für Internationale Migration	cimonline.de
DED	Deutscher Entwicklungsdienst	ded.de
DWHH	Deutsche Welthungerhilfe	welthungerhilfe.de
EED	Evangelischer Entwicklungsdienst	eed.de
Eirene	Eirene – Internationaler Christl. Friedensdienst	eirene.org
GTZ	Gesellschaft für Technische Zusammenarbeit	gtz.de
WFD	Weltfriedensdienst	wfd.de

Abbildung 10: Stellenausschreibungen deutscher Entsendeorganisationen

Printmedien: »Informationsdienst« des Wissenschaftsladens Bonn

Empfehlenswert ist auch der »Informationsdienst« des Wissenschaftsladens Bonn. Dieser wertet wöchentlich die Stellenausschreibungen von knapp 100 Zeitungen und Fachzeitschriften ganz Deutschlands aus und sortiert diese nach Tätigkeitsbereichen.

Abonniert man den Informationsdienst, erhält man wöchentlich einen guten Überblick über die in deutschen Zeitungen und Fachzeitschriften ausgeschriebenen Stellen. Dabei gibt es eine Version für den Bereich »Bildung-Kultur-Sozialwesen« und eine für den Bereich »Umwelt & Naturwissenschaften«.

In der Ausgabe »Bildung-Kultur-Sozialwesen« finden sich unter der Spalte »Internationaler Austausch, Sprachen und Tourismus« Auslandsstellen von Entsendeorganisationen wie DED, GTZ etc. Zudem finden sich in Rubriken wie »Journalismus, Öffentlichkeitsarbeit, Verlags- und Bibliothekswesen« und »Leitende Funktionen und Geschäftsführungen, Referent/innen und Beauftragte« Inlandsstellen der Organisationen, wie bspw. Sachbearbeiter für Öffentlichkeitsarbeit, Referenten für Entwicklungszusammenarbeit.

Kontakt: www.wilabonn.de

Stellenausschreibungen bei anderen europäischen Organisationen

Im Zuge eines zusammenwachsenden Europas ist es mittlerweile auch nicht unüblich geworden, dass bspw. Deutsche mit der holländischen Entsendeorganisation SNV ins Ausland gehen, Spanier mit dem Deutschen Entwicklungsdienst DED und Holländer mit dem österreichischen Entsender Horizont 3000. Sie können also auch bei den folgenden Institutionen nach geeigneten Stellen suchen:

- Belgien: CTB: Coopération Technique Belge (btcctb.org)
- Niederlande: SNV – Netherlands Development Organisation (portal.snvworld.org/public)
- Österreich: Horizont 3000 (horizont3000.at)

Fazit

Die EZ ist ein vergleichsweise kleines Berufsfeld mit einer relativ geringen Stellenanzahl und hohen Bewerberzahlen. Es ist ebenso wie andere Berufssparten ein hart umkämpfter Arbeitsmarkt.

Aufgrund der Knappheit öffentlicher Mittel wird erwartet, dass die Anzahl an Stellen künftig eher gesenkt als erweitert wird. Es besteht derzeit bereits eine Tendenz zum »Outsourcing«, d.h. Arbeit wird zunehmend an freiberufliche Honorarkräfte vergeben, um die Zahl der Festangestellten reduzieren zu können.

Etwas besser sieht die Stellensituation für Deutsche in Internationalen Organisationen aus. Hier sind Deutsche bislang unterrepräsentiert. Zudem gehen in den nächsten Jahren viele deutsche Mitarbeiter in den Ruhestand.

Stellenausschreibungen finden sich zunehmend im Internet unter den angegebenen Adressen.

Burkina Faso Foto: Astrid Gerz

Qualifikationen und Kompetenzen

Wie die Erfahrungsberichte von Fachkräften der Entwicklungszusammenarbeit im ersten Kapitel gezeigt haben, sind die für das Berufsfeld Entwicklungszusammenarbeit bzw. Internationale Zusammenarbeit benötigten Qualifikationen und Kompetenzen recht unterschiedlich, abhängig von dem jeweiligen Einsatzbereich. Insgesamt ist jedoch festzuhalten, dass die Qualifikationsanforderungen in diesem Berufsfeld vergleichsweise hoch sind.

Die benötigten Qualifikationen und Kompetenzen können in *Fachliche, Methodische* und *Sprachliche Kompetenzen* sowie *Soziale Fähigkeiten* untergliedert werden.

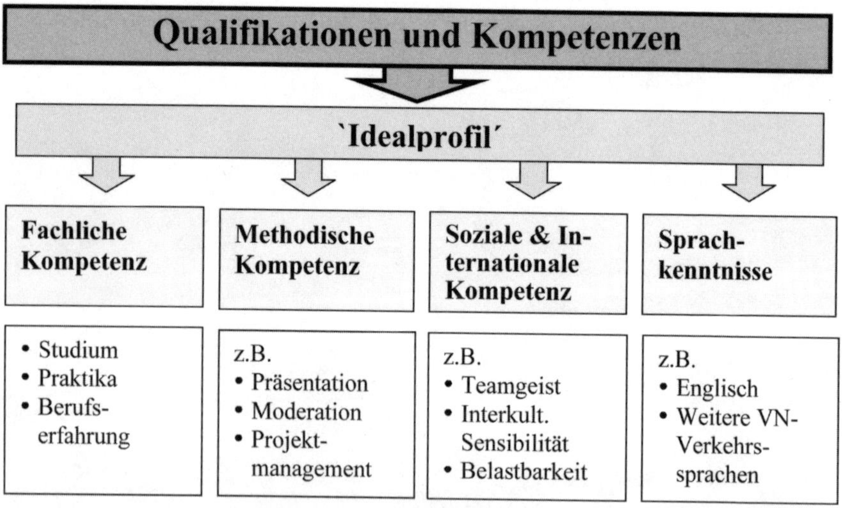

Abbildung 11: Qualifikationen und Kompetenzen

Fachliche Kompetenzen

Dazu zählen die im Studium erworbenen Spezialkenntnisse bzw. der bereits ausgeübte Beruf. Die in der EZ eingesetzten Fachkräften zeichnen sich durch ein breites fachliches Spektrum aus: sie reichen von IT-Managern über Soziologen bis hin zu Pädagogen – es sind fast alle denkbaren fachlichen Richtungen vertreten. Die Erfahrungsberichte der Fachkräfte der EZ im ersten Kapitel zeigen auch, wie vielfältig die fachlichen Hintergründe der Mitarbeiterinnen und Mitarbeiter der EZ sind.

Zwischen Fachspezialist und Generalist

Fachkräfte, die in der EZ tätig sind, sind in der Regel eine Kombination aus Fachspezialisten und Generalisten. Als Entwicklungs-Berater kennen sie sich in ihrer Fachrichtung bestens aus, verfügen aber gleichzeitig über allgemeines Wissen in Bereichen, anhand derer sie gesellschaftspolitische Prozesse in den Kooperationsländern analysieren können. Denn ohne ein ausgeprägtes gesellschafts- und sozialpolitisches Verständnis kann ein Entwicklungs-Berater seine Fachkenntnisse nicht der Zielgruppe im jeweiligen Partnerland vermitteln.

Methodische Kompetenzen

Auch methodische Kompetenzen sind für eine Tätigkeit in der EZ sehr wichtig. Hier werden bspw. Kenntnisse im Bereich der Projektplanung vorausgesetzt, zudem gelten Fähigkeiten in den Bereichen Moderation, Präsentation, Datenerhebung und -auswertung als Grundvoraussetzung.

Sprachkenntnisse

Gute Englischkenntnisse sind für eine Tätigkeit in der EZ unabdingbar. Je mehr Sprachen beherrscht werden, desto besser, denn solide Sprachkenntnisse sind eine unverzichtbare Voraussetzung für das Berufsfeld EZ. Wichtige Sprachen neben Englisch sind die Verkehrssprachen der Vereinten Nationen, u.a. Spanisch, Französisch, Arabisch. Sprachkenntnisse gelten bei der Bewerbung allerdings nicht als Ausschlusskriterium. Es wird davon ausgegangen, dass man eine Sprache vor einem Auslandseinsatz im Rahmen der Vorbereitung vertiefen oder gar neu erlernen kann, d.h. Kenntnisse der Landessprache des Gastlandes sind wünschenswert, sind aber nicht Bedingung für eine Bewerbung.[7]

Soziale und internationale Kompetenzen

Die Anforderungen in bezug auf die sogenannten »soft skills« sind im Bereich der Entwicklungszusammenarbeit besonders hoch. Hier wird vor allem eine hohe Frustrationstoleranz, Durchhaltevermögen, Flexibilität und Teamgeist vorausgesetzt. Tatsächlich sollte man seine psychische

Beschaffenheit selbstkritisch betrachten und sich fragen, ob man die psychischen Belastungen, die dadurch entstehen, dass man sich in ein völlig neuartiges Arbeits- und Lebensumfeld eingewöhnen muss, verkraften kann. Insbesondere Einsätze im Bereich der Nothilfe und des Zivilen Friedensdienst bedeuten meist direkte Konfrontation mit Not und Elend. Ein besonders wichtiger Faktor ist zudem die interkulturelle und internationale Kompetenz, die für eine Tätigkeit in der EZ zwingend notwendig ist. Diese beinhaltet interkulturelle Sensibilität, die Fähigkeit in multikulturellen Teams zu arbeiten sowie die Identifikation mit den Zielen internationaler Organisationen. (8)

Fazit

- Das Berufsfeld EZ ist durch ein breites Spektrum an möglichen Fachrichtungen gekennzeichnet.
- Die Qualifikationsanforderungen sind vergleichsweise hoch, sowohl auf der fachlichen Ebene als auch auf der psycho-sozialen Ebene.
- Gesucht werden Fachkräfte, deren Berufsprofil eine Kombination aus Generalisten und Fachspezialisten darstellt.
- Menschen, die in der EZ tätig werden wollen, sollten ein ausgeprägtes gesellschaftspolitisches Interesse haben.
- Interkulturelle Sensibilität und Kompetenz stellt eine Grundvoraussetzung für eine Tätigkeit in der EZ dar.

»Prototypen« der Entwicklungszusammenarbeit

In dem Berufsfeld Entwicklungszusammenarbeit können grundsätzlich zwei verschiedene »Prototypen« unterschieden werden: Typ 1 ist der sogenannte Entwicklungs-Berater, der anstrebt, während seiner gesamten Berufstätigkeit in der EZ zu verbleiben, während Typ 2 zunächst einige Jahre in Deutschland oder Europa arbeitet und erst später in die EZ wechselt. Für Typ 2 stellt die EZ eine »Zwischenstation« innerhalb seiner Berufsbiographie dar, er beabsichtigt nach dem Entwicklungsdienst wieder in seinen Beruf in Deutschland zurückzukehren.

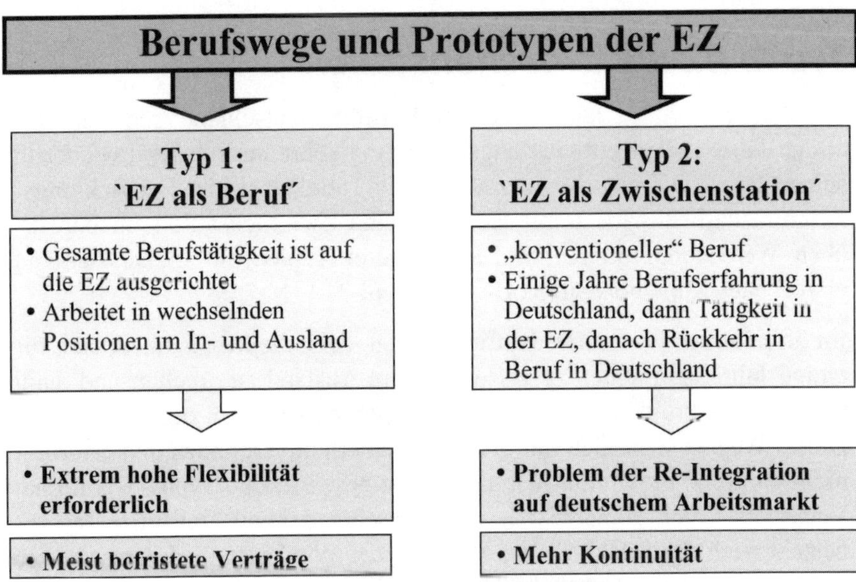

Abbildung 12: Berufswege und Prototypen der EZ, Quelle: in Anlehnung an DIE

Typ 1: Der Entwicklungsexperte EZ als Beruf

Typ 1 macht die Entwicklungszusammenarbeit zu seinem Beruf, seine gesamte Berufstätigkeit ist auf dieses Berufsfeld ausgerichtet. Dieser Typ bereitet sich bereits während seines Studiums durch Praktika in den entsprechenden Organisationen auf eine Tätigkeit in der EZ vor. Nach dem Studium arbeitet er dann in wechselnden Positionen im In- und Ausland. Oft wechselt er während seiner Berufstätigkeit mehrmals den Kontinent sowie die entsprechenden Entsender.

Für diese Berufsbiografie ist hohe Flexibilität erforderlich. Möchte man solch einen Werdegang anstreben, sollte man frühzeitig überlegen, wie dies mit der persönlichen Familienplanung und Partnerschaft verbunden werden kann.

Typ 2: EZ als Zwischenstation

Typ 2 arbeitet einige Jahre in seinem Beruf in Deutschland, geht dann für einige Jahre in den Entwicklungsdienst und kehrt anschließend wieder in seinen Beruf in Deutschland zurück. Die Tätigkeit in der Entwicklungszusammenarbeit wird somit lediglich eine Zwischenstation im beruflichen Werdegang. Im Ausland kann dieser Typus sein in Deutschland erworbenes Knowhow sinnvoll einbringen.

Im öffentlichen Dienst Beschäftigte haben meist die Möglichkeit, sich für einige Jahre beurlauben zu lassen, um im Ausland zu arbeiten und dann wieder ohne Probleme zu ihrem vorherigen Arbeitgeber zurückzukehren. Dieser Weg ist sicherlich mit größerer Sicherheit verbunden und erfordert nicht so große Flexibilität wie der zuerst beschriebene Typus. Kann man sich jedoch von seiner Stelle in Deutschland nicht freistellen lassen, besteht nach der Rückkehr das Problem der Wiedereingliederung, was je nach Branche ein großes Problem werden kann. Auslandserfahrung in Entwicklungsländern wird von hiesigen Arbeitgebern oftmals nicht unbedingt als Pluspunkt betrachtet, und die im Ausland erworbenen Fähigkeiten finden nicht die erwartete Anerkennung, insbesondere wenn es sich um Aufenthalte in Entwicklungsländern handelt. [9]

Insbesondere in schnelllebigen, technologieorientierten Branchen kann man sich durch einen mehrjährigen Aufenthalt im Entwicklungsdienst schnell ins »berufliche Aus« katapultieren, da man im Ausland die Innovationen und neuen Techniken seiner Branche nicht mehr mitverfolgen kann. In der Forschung wurde festgestellt, dass Karriereerwartungen, die Mitarbeiter mit einem Auslandseinsatz verknüpften, häufig enttäuscht wurden. (10)

Unter Umständen wird dann aus Typ 2, der ursprünglich den Entwicklungsdienst nur als Zwischenstation angestrebt hat, ein Vertreter des Typs 1, d.h. dieser Mensch findet keine Stelle in Deutschland mehr und sieht sich gezwungen, dauerhaft in dem Berufsfeld Entwicklungszusammenarbeit bzw. im Ausland zu bleiben.

Fazit

- Eine Tätigkeit in der Entwicklungszusammenarbeit ist in der Regel zeitlich befristet.
- Diejenigen, die langfristig in der Internationalen Zusammenarbeit tätig sein wollen (Typ 1), müssen enorm flexibel sein und dazu bereit sein, während ihrer Berufstätigkeit immer wieder in verschiedenen Positionen an verschiedenen Orten und Kontinenten zu arbeiten.
- Für diejenigen, welche die EZ nur als eine Zwischenstation ansehen (Typ 2) stellt sich die nicht zu unterschätzende Problematik der Reintegration in den deutschen Arbeitsmarkt.
- Diese Faktoren sollten bei der Planung des beruflichen Werdeganges mitberücksichtigt werden.

Vorbereitung auf den Berufseinstieg

Im Folgenden wird dargestellt, wie ein „idealtypischer Verlauf" bis zum Berufseinstieg aussehen könnte. Natürlich orientiert sich die Vorbereitung auf den Berufseinstieg v.a. an persönlichen Neigungen und Interessen. Die folgende Anleitung sollte somit lediglich als Orientierung verstanden werden, wie der berufliche Werdegang bis zum Einstieg gestaltet werden könnte bzw. auch, welche „Meilensteine" viele Fachkräfte, die heute in der EZ arbeiten, durchlaufen haben. In den anschließenden Kapiteln werden die einzelnen Stationen dann ausführlicher beschrieben bzw. kommentiert und die hier dargestellten Programme vorgestellt.

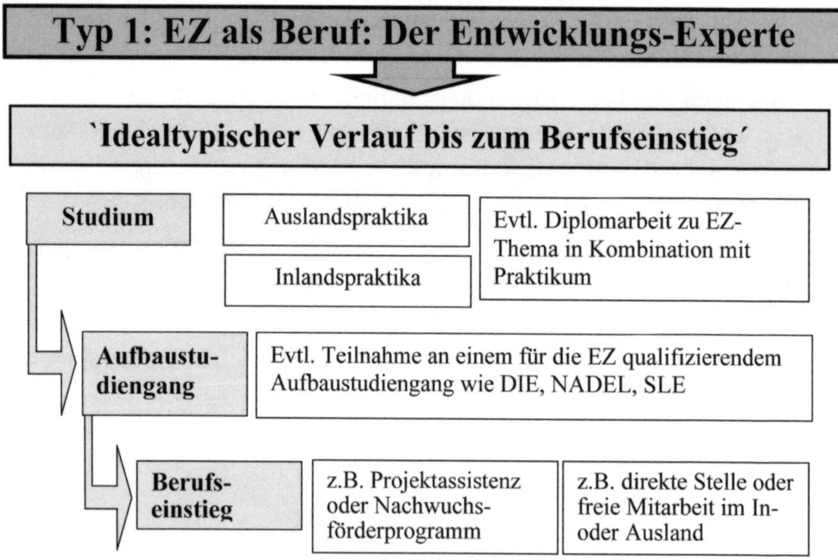

Abbildung 13: Idealtypischer Verlauf bis zum Berufseinstieg

Praktika

Der Abschluss eines Hochschulstudiums allein reicht heutzutage nicht mehr aus, um sich für den Arbeitsmarkt zu qualifizieren. Praktika und zusätzlich erworbene Qualifikationen sind unerlässlich, um nach dem Studium den Berufseinstieg erfolgreich zu bewältigen.

Praktika dienen dabei aber nicht nur der zusätzlichen Qualifizierung, sondern auch der persönlichen Orientierung. Man lernt verschiedene Institutionen kennen, erhält Einblick in unterschiedliche Arbeitsgebiete, kann sich selber bei verschiedenen Tätigkeiten unter folgenden Fragestellungen beobachten: Welche Tätigkeiten liegen mir? Was macht Spaß, wofür habe ich eine Begabung? Oder: Welche Arbeiten liegen mir nicht, wo fühle ich mich überfordert ?

Ein weiterer Vorteil der Praktika besteht darin, sich bereits in den „Dunstkreis“ eines potentiellen späteren Arbeitgebers zu begeben, mit der Möglichkeit, seine persönlichen Netzwerke in der Institution aufzubauen. Manchmal erhält man auch in Anschluss an ein Praktikum die Möglichkeit, als studentische Hilfskraft weiter in der entsprechenden Institution zu arbeiten und bleibt somit in Kontakt mit dem späteren Berufsfeld.

Praktika sind bei fast allen Organisationen und Institutionen der Entwicklungszusammenarbeit möglich. Empfehlenswert ist es, sowohl Inlands- als auch Auslandspraktika zu absolvieren.

Auslandspraktika

Die Broschüre *„Weiterbildung ohne Grenzen"*, die von InWEnt herausgegeben und regelmäßig aktualisiert wird, gibt einen guten Überblick über Praktikumsmöglichkeiten im Ausland, die häufig durch Stipendien finanziert oder zumindest teilfinanziert werden können. Diese Broschüre kann kostenlos bestellt werden unter: www.inwent.org/internet/infostellen/ibs.

Ebenso finden sich in der vom DAAD (Deutscher Akademischer Austauschdienst) herausgegebenen Broschüre „Förderungsmöglichkeiten für Deutsche – Studium, Forschung, Lehre" Informationen über Praktika- und Stipendienprogramme (www.daad.de).

Die folgende Darstellung einzelner Programme, über die Auslandspraktika absolviert werden können, erhebt keinen Anspruch auf Vollständigkeit.

Praktikumsbörsen & Literaturtipps	Kommentar
zv.uni-wuerzburg.de/auslandsamt	Linksammlung zu Auslandspraktika
Arbeitkreis Lernen und Helfen in Übersee entwicklungsdienst.de	Praktikumsbörse im Internet
DAAD (Hg.): *Förderungsmöglichkeiten für Deutsche. Studium – Forschung – Lehre* daad.de	Informationen über Auslandsstudium, Auslandspraktika, Stipendienprogramme sowohl für Studierende als auch für Graduierte
InWEnt (Hg.): *Weiterbildung ohne Grenzen* inwent.org	Broschüre, in der Programme für – meist finanzierte – Auslandspraktika dargestellt werden.
Momme von Sydow, Sandra Többe, Heiner Staschen: *Handbuch Studium und Praktikum im Ausland*	Austauschprogramme, Stipendien und Sprachkurse

Abbildung 14: Praktikumsbörsen und Literaturtipps

Markt (Ecuador) Foto: Johannes Messbacher

Programme InWEnt: ASA, Konkreter Friedensdienst

InWEnt: ASA-Programm
Arbeits- und Studienaufenthalte in Afrika, Asien und Lateinamerika

Das ASA-Programm ermöglicht Studierenden und Berufstätigen Feldstudien und Praktika, sogenannte ASA-Projekte, in Ländern Afrikas, Asiens und Lateinamerikas zu absolvieren. Dabei versteht sich das ASA-Programm nicht als Programm der „Entwicklungshilfe“, sondern als ein Programm des entwicklungspolitischen Lernens, das sich in Austausch und gleichberechtigter Zusammenarbeit vollzieht. Jedes Jahr bietet das ASA-Programm ca. 150 Projekte zu einem breiten Themenspektrum an: Angefangen von der handwerklichen Ausbildung von Jugendlichen in Ghana, über Umweltschutzinititativen in China bis hin zu Frauenbildung in Indien.

Auslandspraktika: ASA-Programm (InWEnt)	
Ziele	• Feldstudien und Praktika • Entwicklungspolitische Bildungsarbeit • Erwerb sozialer und interkultureller Kompetenzen
Voraus-setzungen	• Studierende aller Fachrichtungen • Gute Grundkenntnisse der Sprache des Partnerlandes • Gesellschaftliches und soziales Engagement • 21-30 Jahre
Dauer	• 3-4 Monate
Finanzierung	• Teilstipendium für 3 Monate • Flugkostenerstattung • Versicherungen • Zuschüsse zu Sprachkursen • Flugmittel
Kontakt	• www.asa-programm.de

Abbildung 15: Auslandpraktika ASA-Programm von InWEnt

Bewerbung

Nach Erscheinen des ASA-Katalogs im Herbst besteht eine ca. zweimonatige Bewerbungszeit. Dabei wird in einem ausgiebigen Fragenkatalog nicht nur nach den für das Projekt notwendigen Qualifikationen gefragt, sondern auch nach gesellschaftlichem und politischem Engagement sowie nach der entwicklungspolitischen Einschätzung des jeweiligen Projektes. Im Februar werden die Bewerber über das Ergebnis der Auswahl informiert. Es besteht die Möglichkeit, sich im Folgejahr erneut zu bewerben, wenn es beim ersten Anlauf nicht klappen sollte.

Teilnahme-Voraussetzungen

Bewerben kann sich jeder, der zwischen 21 und 30 Jahren alt ist, eine abgeschlossene, nicht-akademische Berufsausbildung absolviert hat oder zur Zeit studiert. Grundkenntnisse in der jeweiligen Landessprache sind ebenso eine Teilnahme-Voraussetzung.

Finanzierung

ASA-Teilnehmer erhalten ein Teilstipendium für 3 Monate, Versicherungen, Zuschüsse zu gegebenenfalls noch notwendigen Sprachkursen sowie eine Erstattung der Flugkosten.

Die Vorbereitung

Das Besondere des Programms ist unter anderem die intensive Vorbereitung auf den Auslandsaufenthalt, die in Form von drei Seminaren stattfindet. Hier werden die ausgewählten Stipendien von ehemaligen Teilnehmern an aktuelle Themen der entwicklungspolitischen Bildungsarbeit Zusammenarbeit herangeführt.

Durch die interdisziplinäre und interkulturelle Zusammensetzung der ASA-Seminare besteht einerseits Raum für anregende Diskussionen und andererseits die Möglichkeit langfristige Netzwerke zu bilden. Denn: Laut einer ASA-Verbleibstudie von 2005 bleiben 76,1% ASA-Teilnehmer langfristig in dem Berufsfeld Entwicklungszusammenarbeit. [(11)]

Der Auslandsaufenthalt

Nach der ausgiebigen Vorbereitung folgt der Auslandsaufenthalt. Meist werden für ein ASA-Projekt 2–3 Teilnehmer ausgewählt.

Kontakt:

www.asa-programm.de

InWEnt: Konkreter Friedensdienst

Ziel des 1985 von dem damaligen NRW-Ministerpräsidenten Johannes Raus in Leben gerufenen Konkreten Friedensdienstes ist es, Menschen aus verschiedenen Kulturen durch gemeinsame Arbeit miteinander in Kontakt zu bringen und so das gegenseitige Verstehen zu fördern. Durch Projekteinsätze in Afrika, Asien und Lateinamerika erhalten junge Deutsche die Möglichkeit, Erfahrungen in den Ländern des Südens zu sammeln, die sie nach ihrer Rückkehr in Deutschland als sogenannte „Kulturbotschafter" in die deutsche Gesellschaft einbringen können und so zu einer gesellschaftlichen Bewusstseinsbildung beitragen können.

Ablauf

Junge Menschen aus NRW arbeiten im Zielland in Projekten mit, die sie sich selbst gesucht haben. Die Reise und der Aufenthalt werden individuell vorbereitet und organisiert. Einmal pro Jahr gibt es ein von InWEnt organisiertes Treffen, bei dem die Teilnehmer des Programms ihre Erfahrungen austauschen können.

Voraussetzungen

Potentielle Teilnehmer müssen in NRW wohnen, zwischen 18 und 27 Jahre alt sein und einen geplanten Arbeitseinsatz vorweisen können, der mit den Partnern vor Ort in gleichberechtigter Kooperation organisiert sein muss. Mögliche Projekte, die i.d.R. 1 bis 3 Monate dauern, sind bspw. Aufbau einer Solarbäckerei, Instanthaltung von Brunnen oder die Mitarbeit in einem Straßenkinderprojekt. Potentielle Teilnehmer können sowohl Schüler, Studierende, Auszubildende als auch junge Berufstätige sein. Gefördert werden auch Gruppen, die in Deutschland in der kommunalen Nord-Süd-Arbeit verankert sind.

Finanzierung

Die Teilnehmer des Konkreten Friedensdienst erhalten einen pauschalen Zuschuss zu Reise-, Versicherungs- und Impfkosten.

Kontakt: www.inwent.org >> Regionalzentrum Düsseldorf

Gesellschaft für Technische Zusammenarbeit (GTZ)

Ein Auslandspraktikum kann auch bei der Gesellschaft für Technische Zusammenarbeit absolviert werden.

Auslandspraktika: Gesellschaft für Technische Zusammenarbeit (GTZ)	
Aufgabe	• Analyse, Planung und Evaluation von Projektaktivitäten • Implementierung angepasster Instrumente der TZ • Bearbeitung von speziellen fachlichen Aufgaben • Das Praktikum kann auch mit dem Studienabschluss kombiniert werden
Voraus-setzungen	• Abgeschlossenes Grundstudium • Gute Kenntnisse einer Weltsprache • Gute PC-Kenntnisse
Dauer	• 3 Monate
Finanzierung	• Pauschales Aufwandsentschädigung (einschließlich der Kosten für Hin- und Rückreise) je nach Einsatzland
Kontakt	• www.gtz.de

Abbildung 16: Auslandspraktika GTZ

Mögliche Tätigkeiten

In einem der Projekte im Ausland kann man bspw. an der Analyse, Planung und Evaluation von Projektaktivitäten teilnehmen, an der Implementierung angepasster Instrumente der Technischen Zusammenarbeit sowie an der Bearbeitung spezieller fachlicher Fragestellungen. Ein Auslandspraktikum bei der GTZ kann auch gut mit dem Studienabschluss, d.h. der Abschlussarbeit kombiniert werden.

Voraussetzungen

Um ein Auslandspraktikum bei der GTZ zu absolvieren, sollte das Grundstudium abgeschlossen sein, man sollte mindestens eine Fremdsprache gut beherrschen sowie gute PC-Kenntnisse haben. Interkulturelle Sensibilität, Durchhaltevermögen und Teamfähigkeit werden ebenso selbstverständlich vorausgesetzt.

Dauer
Ein Auslandspraktikum bei der GTZ beträgt in der Regel 3 Monate.

Finanzierung
Praktikanten erhalten eine pauschale Aufwandsentschädigung (einschließlich der Kosten für Hin- und Rückreise), die sich an dem Preisniveau des Einsatzlandes richtet.

Kontakt
www.gtz.de

Carlo Schmid Programm – DAAD

Das Carlo Schmid Programm wird vom Deutschen Akademischen Auslandsdienst (DAAD) gemeinsam mit der Studienstiftung des Deutschen Volkes durchgeführt.
Im Rahmen diesen Programms erhalten Studierende oder Hochschulabsolventen ein Stipendium für ein Praktikum bei der EU oder bei einer anderen internationalen Organisation.

Voraussetzungen
Teilnehmer sind Studierende und Hochschulabsolventen bis 28 Jahre deutscher Staatsangehörigkeit.

Kontakt
www.daad.de/csp

Sokrates & Erasmus: Programme der Europäischen Kommission – DAAD

Diese Programme dienen dem Dozenten- und Studierendenaustausch und ermöglichen einen 3 bis 12-monatigen Auslandsstudienaufenthalt an einer europäischen Hochschule. Die im Ausland erbrachten Studienleistungen werden i.d.R. an der heimischen Hochschule anerkannt. Teilnehmer dieser Programme erhalten einen sogenannten Mobilitätszuschuss.
Durchführungsorganisation: www.eu.daad.de

Programme der Vereinten Nationen

Studierende und z.T. auch Graduierte mit sehr guten Kenntnissen in mindestens 1 bis 2 Arbeitssprachen der Vereinten Nationen haben die Möglichkeit, bei den Vereinten Nationen ein Praktikum zu absolvieren. Berufserfahrung wird dabei nicht vorausgesetzt. Praktika bei den Vereinten Nationen dauern i.d.R. 1-2 Monate. Sie werden nicht bezahlt, aber eine Förderung durch Stipendien ist möglich. Die Bewerbung erfolgt direkt bei den Organisationen der Vereinten Nationen.

Informationen/Kontakt:

- *Vereinte Nationen:* Praktika im VN-Sekretariat: www.un.org/Depts/OHRM/axamin/internships
- *UNIC Bonn Praktika im gesamten VN-System* www.uno.de/arbeit/index/htmpractica

Inlandspraktika

Bei fast allen im Inland aktiven Institutionen können Praktika absolviert werden. Es sei an dieser Stelle noch einmal auf die von InWEnt herausgegebene Broschüre: *Institutionen der Entwicklungszusammenarbeit* verwiesen, die fast alle Institutionen der EZ in Deutschland mit Tätigkeitsprofil und Ansprechpartner enthält und kostenlos beim IZEP erhältlich ist bzw. aus dem Internet heruntergeladen werden kann (www.iwent.org >> izep)

InWEnt – Internationale Weiterbildung und Entwicklung

Mit ca. 900 Festangestellten und vielen Tausend Freiberufler eine der größten Weiterbildungseinrichtungen Europas. Sie ist 2002 durch die Fusion der Carl Duisberg Gesellschaft (CDG) und der Deutschen Stiftung für Internationale Entwicklung (DSE) entstanden. Mit ihren Dialog- und Trainingsprogrammen richtet sich die Arbeit von InWEnt an Fach- und Führungskräfte sowie Entscheidungsträger aus Wirtschaft, Politik, Verwaltung und Zivilgesellschaft. Jährlich nehmen nahezu 40.000 Fach- und Führungskräfte an den Programmen von InWEnt im In- und Ausland teil. Es bestehen acht 8 administrative Bereiche an den Standorten Berlin, Bonn, Köln, Feldafing und Bad Honnef. In ihren 8 Unternehmensbereichen bieten sich bei InWEnt eine Vielzahl von Praktikumsmöglichkeiten an.

Kontakt: www.inwent.org

Bereich	Tätigkeitsfeld	Standort
1	Entwicklungspolitisches Forum	Berlin
2	Internationale Regelwerke, Gute Regierungsführung, Wirtschaftspolitik	Bonn
3	Soziale Entwicklung	Bonn
4	Nachhaltiges Wirtschaften	Bonn
5	Umwelt, Natürliche Ressourcen und Ernährung	Feldafing
6	Industrie- und Transformationsländer	Bonn
7	Zusammenarbeit mit den Ländern, Entwicklungsbezogene Bildungsarbeit	Bonn
8	Vorbereitungsstätte für Entwicklungszusammenarbeit	Bad Honnef

Abbildung 17: Die 8 Unternehmensbereiche von InWEnt

InWEnt: Vorbereitungsstätte für Entwicklungszusammenarbeit (V-EZ)

In der V-EZ, Bereich 8 von InWEnt, werden die Fach- und Führungskräfte von ca. 40 unterschiedlichen Entsendorganisationen – wie bspw. Deutscher Entwicklungsdienst, Gesellschaft für Technische Zusammenarbeit, Centrum für Internationale Migration, Evangelischer Entwicklungsdienst, Arbeitsgemeinschaft für Entwicklungshilfe – auf ihren Auslandseinsatz vorbereitet.

Die V-EZ gliedert sich in die Programmabteilungen Landeskunde & Entwicklungspolitik, Interkulturelle Kommunikation und Trainingskurse sowie Sprache. In allen dieser Programmabteilungen ist es möglich, ein Praktikum zu absolvieren.

	Inlandspraktika: InWEnt: Vorbereitungsstätte für Entwicklungszusammenarbeit (V-EZ)
Organisation	• Vorbereitung der Fachkräfte von ca. 40 Entsendeorganisationen auf Auslandsaufenthalt • Abteilungen: Landeskunde & Entwicklungspolitik, Interkulturelle Kommunikation & Trainingskurse, Sprache
Voraus-setzungen	• Alle Fachrichtungen • Abgeschlossenes Grundstudium • Auslandserfahrungen • Entwicklungspolitisches Engagement und Interesse
Dauer	• 6 Wochen bis 3 Monate • Bewerbungen im ganzen Jahr möglich
Aufgabe	• Einblicke und Mitarbeit bei \`Tagesgeschäft´ • Projektarbeit/Recherche zu relevanten Themen • Teilnahme an 1 Kurs pro Praktikumsmonat möglich
Kontakt	• www.inwent.org/vez

Abbildung 18: Inlandspraktika: Vorbereitungsstätte für Entwicklungszusammenarbeit (InWEnt)

Voraussetzungen
Um ein Praktikum in der V-EZ zu absolvieren, ist ein abgeschlossenes Grundstudium vorzuweisen, erste Auslandserfahrung sowie entwicklungspolitisches bzw. interkulturelles Interesse und Engagement.

Dauer
Die Dauer des Praktikums beträgt in der Regel zwischen 6 Wochen und 3 Monaten. Bewerbungen sind ganzjährig über die Personalabteilung der V-EZ oder die einzelnen Programmabteilungen möglich.

Tätigkeiten
Die Praktikanten erhalten Einblicke in die Vorbereitung, Durchführung und Evaluierung der Vorbereitungskurse. Sie arbeiten im „Tagesgeschäft“ bei allen anfallenden Tätigkeiten mit. Dies kann bspw. die Abnahme von Lernmaterialien, die Organisation von Kulturveranstaltungen sowie die Organisation der Trainingskurse beinhalten. Zudem werden die Praktikanten i.d.R. mit einer eigenen Projektarbeit betraut. Dies kann bspw. eine Recherche zu einem für die Vorbereitung relevanten Thema sein, die Mitarbeit am Internetauftritt oder Sonstiges.

Finanzierung
Das Praktikum wird nicht vergütet, aber die Praktikanten können pro Praktikumsmonat an einem Trainingskurs teilnehmen.

GTZ: Gesellschaft für Technische Zusammenarbeit

	Inlandspraktika: Gesellschaft für Technische Zusammenarbeit (GTZ)
Organisation	• Einblicke in die Arbeit der GTZ-Zentrale in Eschborn bei Frankfurt • Themen und Arbeitsgebiete nach individueller Rücksprache • Bereiche: Fach- und Länderbereich, Personalbereich, Finanzbereich, Sprachendienst
Voraus-setzungen	• Abgeschlossenes Grundstudium • Gute Kenntnisse einer Weltsprache • Gute PC-Kenntnisse
Bewerbung	• Es gibt keine Bewerbungsfristen • Bewerbungen online
Finanzierung	• Es wird ein Praktikumsgehalt gezahlt (zwischen 500 und 650 €)
Kontakt	• www.gtz.de

Abbildung 19: Inlandspraktika GTZ

Ein Inlandspraktikum bei der GTZ in Eschborn bei Frankfurt gewährt gute Einblicke in die Arbeit der Zentrale. Mögliche Bereiche sind der Fach- und Länderbereich, der Personalbereich, der Finanzbereich sowie der Sprachendienst.

Voraussetzungen
Praktikanten sollten über ein abgeschlossenes Grundstudium verfügen, gute Kenntnisse in mindestens einer Weltsprache haben sowie gute PC-Kenntnisse.

Finanzierung
Praktika erhalten zwischen 520 und 620 €.

Bewerbung
Keine Bewerbungsfristen, Bewerbung online.

Kontakt:
www.gtz.de

BMZ: Bundesministerium für Wirtschaftliche Zusammenarbeit

Das BMZ ist zuständig für die Planung, Abstimmung und Verhandlung mit Entwicklungsländern, für die Finanzierung, Steuerung und Koordinierung der bi- und multilateralen Zusammenarbeit sowie für die entwicklungspolitische Zusammenarbeit mit nichtstaatlichen Organisationen. Vom BMZ aus wird die gesamte Entwicklungspolitik der Bundesregierung gesteuert, so dass ein Praktikum beim BMZ vorteilhaft ist, um Entwicklungspolitik grundlegend zu verstehen.

	Inlandspraktika: Bundesministerium für wirtschaftliche Zusammenarbeit (BMZ)
Voraus-setzungen	• Abgeschlossenes Grundstudium • In den entwicklungspolitischen Bereich fallende Studienrichtung
Bewerbung	• Bewerbung ganzjährig möglich
Finanzierung	• Keine Vergütung
Dauer	• 3 Monate
Kontakt	• www.bmz.de

Abbildung 20: Inlandspraktika: BMZ

Voraussetzungen
Eine, für die Entwicklungszusammenarbeit relevante Studienrichtung ist die Voraussetzung, um beim BMZ ein Praktikum zu absolvieren.

Finanzierung
Keine Vergütung

Bewerbung
Ganzjährig möglich

Dauer
3 Monate

Kontakt
www.bmz.bund

Netzwerke, Beratungsangebote, Informationsquellen

Netzwerke

Will man langfristig in dem Bereich der Entwicklungszusammenarbeit tätig werden, sollte man frühzeitig damit beginnen, Netzwerke aufzubauen bzw. sich in vorhandenen Netzwerken bewegen. Dadurch erlangt man Zugang zu Informationen und „Insiderwissen" wie bspw. Ausschreibungen von Praktika und später dann auch Stellenangeboten.

Sinnvoll ist es, sich in bestehende Email-Verteiler einzutragen:

- entwicklungspolitik@yahoogroups.de
- info@ask-agentur.de; www.ask-agentur.de

Zudem bieten mittlerweile die meisten Institutionen den Service eines elektronischen Newsletters an. Auch hier ist es sinnvoll, sich einzutragen, um regelmäßig über aktuelle Diskussionen der EZ und die Arbeit der Institutionen informiert zu werden.

Beratungsangebote und Informationsquellen

Folgende Institutionen sind Anlaufstellen für Informationen und Beratungsangebote:

- **AKLHÜ – Arbeitskreis Lernen und Helfen in Übersee**
  Thomas Mann Str. 52, 53111 Bonn, Tel: 0228/908 99 10
  Email: aklhue@entwicklungsdienst.de
  www.entwicklungsdienst.de

- **BFIO – Büro für Führungskräfte in Organisationen der Zentralstelle für Arbeitsvermittlung**
  Villemombler Str. 76, 53123 Bonn, Tel: 0228/ 7 13-0
  www.arbeitsamt.de/zav

Fazit

- Um sich neben dem Studium adäquat auf den Berufseinstieg vorzubereiten, sind Praktika unerlässlich.
- Diese stellen einerseits eine zusätzliche Qualifizierung und berufliche Profilbildung dar, andererseits dienen sie der persönlichen Orientierung.
- Empfehlenswert ist, sowohl Inlands- als auch Auslandspraktika zu absolvieren.
- Bei den meisten Institutionen der Entwicklungszusammenarbeit ist es möglich, ein Praktikum zu absolvieren.

Wege in den Beruf: der Berufseinstieg

Einstiegswege für Hochschulabsolventen

In Zeiten hoher Arbeitslosigkeit ist die Phase, die mit dem Abschluss des Studiums beginnt, besonders kritisch. Denn: Hochschulabsolventen konkurrieren mit Berufserfahrenen um die wenigen vakanten Stellen. Und da Berufserfahrung aus Sicht der Arbeitgeber eine herausragende Bedeutung einnimmt, haben oftmals die Hochschulabsolventen das Nachsehen.

Nach Abschluss des Studiums geht es also darum, sich durch ein enges Nadelöhr zu begeben, an dessen Ende der Beruf steht.

Da es in der Regel schwer ist, ohne Berufserfahrung eine reguläre Stelle zu ergattern, kommt Nachwuchsförderprogrammen und Aufbaustudiengängen (mit Praxisphase) eine besonders große Bedeutung zu. Die Broschüre „Übersicht über Studiengänge, Programme und Initiativen der internationalen Nachwuchsförderung in Deutschland", die von der Internetseite des Auswärtigen Amtes heruntergeladen werden kann, gewährt einen umfassenden Überblick über die zur Verfügung stehenden Möglichkeiten (www.auswaertigesamt.de >> Berufseinstieg und Karriere bei internationalen Organisationen).

Generell stehen Hochschulabsolventen nach Beendigung des Studiums folgende Einstiegswege offen, wobei die Darstellung keinen Anspruch auf Vollständigkeit erhebt:

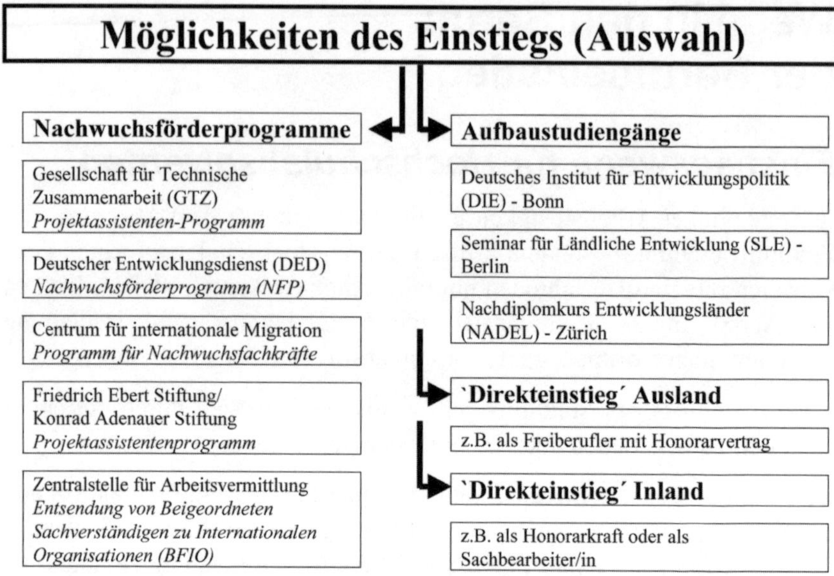

Abbildung 21: Möglichkeiten des Berufseinstiegs

Nachwuchsprogramme

Die meisten Entsendeorganisationen bieten mittlerweile ein Nachwuchsförderprogramm an. Eine ständig aktualisierte Übersicht der möglichen Nachwuchsförderprogramme deutscher und internationaler Organisationen findet sich auf der Webseite des »Arbeitskreis Lernen und Helfen in Übersee« (AKLHÜ): *www.entwicklungsdienst.de*

DED: Nachwuchsförderprogramm (NFP)

Das NFP-Programm des DED ermöglicht Hochschulabsolventen den Einstieg in die Entwicklungszusammenarbeit. Durch die Mitarbeit in einem Projekt des DED können die NFPler einerseits Berufserfahrung sammeln und andererseits entwicklungspolitische und interkulturelle Erfahrungen machen.

DED: Nachwuchsprogramm	
Inhalt	• Einstieg in die EZ für Berufsanfänger • Erwerb entwicklungspolitischer und interkultureller Erfahrungen • Mitarbeit in DED-Projekten
Bewerbung	• Bewerbung ganzjährig möglich
Voraus-setzung	• Hochschulstudium • Grundkenntnisse in mind. Einer europäischen Fremdsprache • Alleinausreise wird vorausgesetzt • Alter: bis 28 Jahre
Dauer	• 2-3 Wochen Vorbereitung • 12 Monate Projektaufenthalt
Vergütung	• Grundversorgung Inland: 340€, Grundversorgung Partnerland 770€ • Der DED übernimmt die Kosten für Unfall-, Haftpflicht-, und Krankenversicherung sowie anfallende Reisekosten
Kontakt	• www.ded.de

Abbildung 22: Nachwuchsförderprogramm des DED

Voraussetzung
Die Teilnahme am NFP-Programm ist bis 28 Jahre möglich. Ein abgeschlossenes Hochschulstudium wird ebenso vorausgesetzt wie Grundkenntnisse in mindestens einer europäischen Fremdsprache. Alleinausreise wird erwartet.

Länder
Alle Partnerländer des DED

Ablauf
Nach einer 2-3-wöchigen Vorbereitung in der Vorbereitungsstätte für Entwicklungszusammenarbeit (V-EZ) folgt ein 12-monatiger Projektaufenthalt.

Vergütung
Der DED zahlt eine Grundversorgung im Inland in Höhe von 340 € und im Partnerland in Höhe von 770 €. Zudem übernimmt der DED die Kosten für Unfall,-, Haftpflicht-, und Krankenversicherung sowie für anfallende Reisekosten.

Bewerbung

Bewerbungen sind ganzjährig möglich, die Stellen werden im Internet ausgeschrieben.

Kontakt

www.ded.de

GTZ: Projektassistenten-Programm

Im Rahmen des Projektassistenten-Programm der GTZ werden die Nachwuchskräfte durch die Mitarbeit in Projekten der GTZ auf die Arbeit in der internationalen Entwicklungszusammenarbeit vorbereitet.

	GTZ: Projektassistenten-Programm
Inhalt	• Nachwuchsförderung im Rahmen der EZ • Mitarbeit in Projekten der GTZ
Bewerbung	• Bewerbungsfrist zwischen August und Oktober • Bewerbungsbögen im Internet
Voraus-setzung	• Hochschulabgänger mit ergänzender Postgraduierten-Ausbildung und/oder erste Berufserfahrung • Alter: bis 32 Jahre
Dauer	• 4 Monate Vorbereitung im Inland • 20 Monate Mitarbeit in einem GTZ-Projekt im Ausland
Vergütung	• Vergütung zwischen 2100 und 2700€ monatlich
Kontakt	• www.gtz.de

Abbildung 23: Projektassistenten-Programm der GTZ

Zielländer

Der Einsatz erfolgt in der Regel in Entwicklungs- und Schwellenländern, bei einigen Stellen ist auch eine kombinierte Ausbildung zeitweise in der Zentrale in Eschborn und zeitweise im Ausland vorgesehen.

Ablauf

Die Projektassistenten werden in Deutschland 4 Monate auf ihren Auslandseinsatz vorbereitet. Im Rahmen der Vorbereitung nehmen sie an Kursen wie bspw. Projektmanagement, Grundlagen der Entwicklungszusammenarbeit und interkulturelle Kommunikation teil, die einerseits in der Zentrale in Eschborn und andererseits in der Vorbereitungsstätte für

Entwicklungszusammenarbeit (InWEnt) stattfinden. Im Anschluss daran arbeiten sie für 20 Monate in einem Projekt der GTZ im Ausland mit.

Vergütung
Die Vergütung für Projektassistenten beträgt derzeit zwischen 2000 € und 2700 € brutto monatlich, abhängig von der Eingangsqualifikation.

Voraussetzung
Voraussetzung zur Teilnahme am Projektassistentenprogramm der GTZ ist ein Hochschulabschluss in einem auf Entwicklungsländer bezogenen Ausbildungsschwerpunkt sowie ergänzender Postgraduiertenausbildung und/oder erster Berufserfahrung. Das Teilnehmer-Einstiegsalter ist auf 32 Jahre begrenzt.

Bewerbung
Die Projektassistentenstellen werden im Internet ausgeschrieben. Die Bewerber werden aufgefordert, sich mittels eines Bewerbungsbogens im Internet zu bewerben. Die Bewerbungsfrist liegt im Herbst (August bis Oktober), die genauen Fristen sind im Internet abrufbar.

Kontakt:
www.gtz.de

CIM: Programm für Nachwuchsfachkräfte	
Inhalt	• Auslandstätigkeit in verantwortungsvoller Position • Mitarbeit bei lokalen Unternehmen/Projekten • Das Besondere: die Fachkraft wird von dem lokalen Arbeitgeber angestellt.
Bewerbung	• Bewerbung ganzjährig, siehe ausgeschriebene Stellen im Internet
Voraus-setzung	• Abgeschlossene Berufsausbildung/Studium • Fundierte Fachkenntnisse • Deutsche oder eine andere EU-Staatsbürgerschaft • Gute Kenntnisse der Verkehrssprache des Gastlandes
Dauer	• 2-3 Jahre • Vorbereitung je nach Bedarf
Vergütung	• Lokales Gehalt von der Partnerinstitution • Plus Zuschüsse von CIM (Marktgerechter Lohn) sowie Übernahme der Sozialversicherung
Kontakt	• www.cimonline.de

Abbildung 24: Programm für Nachwuchsfachkräfte CIM

CIM: Programm für Nachwuchsführungsfachkräfte

Auch CIM vermittelt eine begrenzte Anzahl an Nachwuchsfachkräften. Diese arbeiten in verantwortungsvoller Position bei lokalen Projekten oder Unternehmen mit. Das Besondere bei CIM ist, dass die Fachkräfte direkt bei dem lokalen Arbeitgeber angestellt sind und diesem fachlich und arbeitsrechtlich gegenüber unterstellt sind. Im Unterschied zu anderen Entsendeorganisationen hat CIM keine eigene Außenstruktur, d.h. keine eigenen Büros in den entsprechenden Ländern.

Voraussetzung

Voraussetzung zur Teilnahme am Nachwuchsförderprogramm von CIM ist eine abgeschlossene Berufsausbildung, fundierte Fachkenntnisse, die deutsche oder eine andere EU-Staatsangehörigkeit sowie gute Kenntnisse der Verkehrssprache des Gastlandes.

Zielländer

CIM vermittelt Nachwuchsfachkräfte in Länder Afrikas, Asiens, Lateinamerikas sowie Europas.

Ablauf
Üblicherweise beträgt die Vertragsdauer der Nachwuchsfachkräfte bei CIM 2 Jahre, allerdings mit der Option auf Verlängerung für ein drittes Jahr. Vor der Ausreise werden die Nachwuchsfachkräfte von CIM bei der Vorbereitungsstätte für Entwicklungszusammenarbeit (InWEnt) in Bad Honnef auf ihren Auslandseinsatz vorbereitet. Dort durchlaufen sie Trainingskurse wie Interkulturelle Zusammenarbeit, Konfliktmanagement oder auch Landeskunde über das jeweilige Gastland.

Vergütung
Da die Nachwuchsfachkräfte direkt bei einem lokalen Arbeitgeber angestellt sind, zahlt der lokale Arbeitgeber ein ortsübliches Gehalt in der Landeswährung. CIM stockt dieses dann durch einen marktgerechten Zuschuss in Euro auf und entrichtet Zuschüsse zu Renten-, Sozial-, und Pflegeversicherung.

Bewerbung
Die Bewerbung ist ganzjährig möglich. Offene Stellen werden im Internet ausgeschrieben. Es ist auch möglich sich initiativ zu bewerben.

Kontakt
www.cimonline.de

Burkina Faso Foto: Astrid Gerz

BFIO: Entsendung von Beigeordneten Sachverständigen zu Internationalen Organisationen

Deutsche Fachkräfte sind in internationalen Organisationen nach wie vor unterrepräsentiert. Das *Büro für Führungskräfte in Organisationen* (BFIO) der Zentralstelle für Arbeitsvermittlung (ZAV) hat sich daher die Stärkung der deutschen Präsenz in internationalen Organisationen zur Aufgabe gemacht. Ziel des Programms »Entsendung von Beigeordneten Sachverständigen in Internationale Organisationen« ist die Qualifizierung von Nachwuchskräften in Aufgabenbereichen der Internationalen Organisationen.

	BFIO: Entsendung von Beigeordneten Sachverständigen zu Internationalen Organisationen
Inhalt	• Nachwuchsförderung in Internationalen Organisationen • Stärkung der deutschen Präsenz in internationalen Organisationen
Bewerbung	• Durchschnittlich 40 Plätze • Die Stellen werden i.d.R. im Februar im Internet ausgeschrieben, Bewerbung im März
Voraus-setzung	• Junge Nachwuchsfachkräfte mit erster relevanter Berufserfahrung nach dem Hochschulstudium • Sehr gute Kenntnisse in den Amtssprachen der VN • Alter: bis 32 Jahre
Dauer	• 2 Jahre
Vergütung	• Zahlung von Gehältern und ensprechenden Zulagen • Ca. 40.000$ Jahresgehalt
Kontakt	• www.arbeitsagentur.de >> BFIO (Büro für Führungskräfte in Internationalen Organisationen)

Abbildung 25: Entsendung von Beigeordneten Sachverständigen zu Internationalen Organisationen – BFIO

Partnerorganisationen

Beigeordnete Sachverständige werden zu den Organisationen der Vereinten Nationen vermittelt, wo sie entweder in der Zentrale der jeweiligen Organisation arbeiten oder in den Regional- und Feldbüros in Afrika, Asien, Lateinamerika und Europa. Ebenso vermittelt das Programm Teilnehmer zur Weltbankgruppe, zu den Delegationen der Europäischen Kommission in Entwicklungsländern sowie zur Organisation für Zusammenarbeit und Entwicklung (OECD).

Einsatzfelder

Beigeordnete Sachverständige arbeiten an den zentralen Themen der EZ wie bspw. Armutsbekämpfung, Demokratieförderung, Menschenrechte, Flüchtlingshilfe, Krisenprävention, Umweltschutz, Gesundheitsversorgung, Bildung etc.

Tätigkeiten

Tätigkeiten der Beigeordneten Sachverständigen sind bspw. Mitarbeit an der Konzeption von Entwicklungsstrategien, Erarbeitung von Länder- und Sektorstudien sowie Projektplanung und -implementierung.

Voraussetzungen

An diesem Programm können qualifizierte junge Nachwuchskräfte mit erster, für die EZ relevanter Berufserfahrung nach dem Hochschulstudium teilnehmen. Vorausgesetzt werden zudem sehr gute Kenntnisse in den Amtssprachen der Vereinten Nationen, vorzugsweise in Englisch, Spanisch, Französisch und / oder weiteren Sprachen. Das Alter ist auf 32 Jahre begrenzt.

Zielländer

Das Programm wird weltweit durchgeführt, abhängig von den Standorten der Internationalen Organisationen

Ablauf

Nach einer Vorbereitungsphase arbeiten die Nachwuchsfachkräfte als Beigeordnete Sachverständige in Internationalen Organisationen mit. Die Vertragsdauer beträgt maximal 2 Jahre.

Bewerbung und Auswahlverfahren

Interessenten können sich ab Februar eines Jahres im Internet über die ausgeschriebenen Stellen informieren. Die vakanten Stellen werden auf der Webseite des BFIO (Büro für Führungskräfte in Organisationen) veröffentlicht.

Vertragsbedingungen
Die Beigeordneten Sachverständigen erhalten für 24 Monate einen Arbeitsvertrag der jeweiligen Internationalen Organisation. Die Einstufung der Beigeordneten Sachverständigen im VN-Bereich erfolgt in die Einstiegsvergütungsgruppe im vergleichbaren höheren Dienst. Das Jahres-Grundgehalt beträgt ca. 38.500 US-Dollar für einen Nichtverheirateten. Die Bezüge unterliegen nicht der Steuerpflicht und sind auch von der Einkommenssteuer in den Einsatzländern befreit. Reise- und Umzugskosten zu Beginn und am Ende des Einsatzes werden übernommen.

Kontakt
www.arbeitsamt.de/zav/international

Palastwache (Ecuador) Foto: Johannes Messbacher

Aufbaustudiengänge und Fortbildungen

Eine Übersicht über entwicklungsbezogene Aufbaustudiengänge findet sich in der – kostenlos bei IZEP erhältlichen bzw. aus dem Internet ladbaren – Broschüre

Entwicklungsbezogene Aufbaustudiengänge

- **IZEP – Informationszentrum Entwicklungspolitik**
  Tulpenfeld 5, 53113 Bonn
  izep@inwent.org
  www.inwent.org

Auch die bereits erwähnte Broschüre „Übersicht über Studiengänge, Programme und Initiativen der internationalen Nachwuchsförderung in Deutschland" (www.auswaertigesamt.de Berufseinstieg und Karriere bei internationalen Organisationen) enthält eine Übersicht über mögliche Aufbaustudiengänge.

Viele entwicklungsbezogene Aufbaustudiengänge dienen der akademischen Weiter-Qualifizierung, führen aber nicht zwangsläufig in die Berufspraxis. Bei der Wahl eines Aufbaustudienganges sollte man sich deswegen gut erkundigen, ob es sich vornehmlich um eine weitere akademische Qualifizierung handelt oder ob die Vermittlung der Absolventen des jeweiligen Studienganges beabsichtigt ist.

Nur drei Programme bieten eine praxisnahe Ausbildung mit Auslandseinsätzen an: Das Ergänzungsstudium des Seminars für ländliche Entwicklung (SLE) an der Humboldt-Universität Berlin, der Nachdiplomkurs für Entwicklungsländer (NADEL) der ETH Zürich und das Postgraduiertenprogramm des Deutschen Instituts für Entwicklungspolitik DIE in Bonn. [12]

Deutsches Institut für Entwicklungspolitik (DIE) – Bonn

Ziel des Aufbaustudienganges Entwicklungspolitik, den das DIE durchführt, ist die Vorbereitung von Hochschulabsolventen auf das Berufsfeld Entwicklungszusammenarbeit mit dem Ziel des anschließenden Berufseinstiegs.

Ablauf

Die neun-monatige Ausbildung gliedert sich in zwei Phasen: der 11-wöchigen Ausbildung in Plenumveranstaltungen sowie der insgesamt 26-wöchigen Ausbildung in Länderarbeitsgruppen.

- Phase 1: Ausbildung in Plenumveranstaltungen: Während der *ersten Phase* werden die Teilnehmer in Plenumveranstaltungen und Methoden-Workshops ausgebildet. Hier werden Themen wie Entwicklungstheorien und -prozesse, Weltwirtschaftliche Rahmenbedingungen und nationale Wirtschaftspolitiken, Sektorale Ansätze der Entwicklungszusammenarbeit, Grundsätze, Institutionen und Instrumente der Entwicklungszusammenarbeit sowie Planung, Durchführung und Bewertung von Projekten behandelt. In den Methoden-Workshops werden die Teilnehmer u.a. mit Fähigkeiten wie Präsentieren und Moderieren, Powerpoint, Report-Writing, Teambuildung und Techniken der Datenerhebung und -auswertung geschult.
- Phase 2: Ausbildung in Länderarbeitsgruppen: Während der zweiten Phase werden die Teilnehmer zunächst 11 Wochen lang in den jeweiligen Länderarbeitsgruppen auf ihren Auslandsaufenthalt vorbereitet. Anschließend führen die Teilnehmer einen elfwöchigen Auslandsaufenthalt durch, in dem sie Studien durchführen. Abschließend erfolgt die Auswertung des Auslandsaufenthaltes in einer vierwöchigen Abschlussphase.

Aufbaustudiengänge

DIE: Deutsches Institut für Entwicklungspolitik	
Ziel	• Nachwuchsförderung • Vorbereitung von Hochschulabsolventen auf das Berufsfeld EZ mit dem Ziel des anschließenden Berufseinstieges
Ablauf	• Dauer: 9 Monate • Ausbildung in Plenarveranstaltungen • Ausbildung in Länderarbeitsgruppen • Vorbereitung des Auslandsaufenthaltes • Auslandsaufenthalt • Auswertung
Bewerbung	• I.d.R.: Ausschreibung: Januar, Bewerbungsfrist März/April, Kursbeginn: September, Kursende: Mai
Kontakt	• www.die-gdi.de/die

Abbildung 26: Aufbaustudiengang Deutsches Institut für Entwicklungspolitik (DIE)

Voraussetzungen

Um einen der ca. 22 Plätze zu bekommen, die dem DIE beim Aufbaustudiengang zur Verfügung stehen, sind hohe Anforderungen zu erfüllen. Voraussetzung ist ein mit einer guten bis sehr guten Note abgeschlossenes Hochschulstudium, insbesondere der Wirtschaftswissenschaften, Sozialwissenschaften sowie Jura oder Geografie. Desweiteren müssen die Teilnehmer über vorzügliche Englischkenntnisse sowie Kenntnisse einer weiteren Sprache wie Französisch, Spanisch, Arabisch, Portugiesisch oder Russisch verfügen.

Vorausgesetzt werden auch Praktika und / oder Arbeits-/Studienaufenthalte in Entwicklungs- oder Schwellenländern. Das Durchschnittsalter der Teilnehmer beträgt 27 Jahre; die Altershöchstgrenze 30 Jahre.

Finanzierung

Die Ausbildung ist kostenlos. Zum Lebensunterhalt werden auf Antrag unverzinsliche Darlehen in Höhe von bis zu 715 € monatlich gewährt. Für die Dauer des Auslandsaufenthaltes zahlt das DIE zusätzlich Tage- und Übernachtungsgeld. Zudem werden die Flugkosten vom DIE übernommen.

Bewerbung
Die Ausschreibung des Programms erfolgt in der Regel im Januar, bewerben kann man sich bis März / April. Wer in die engere Auswahl kommt, wird im Mai in die Vorauswahl eingeladen; die Hauptauswahl findet im Juni statt und der Kurs beginnt schließlich im September und endet im Mai. Bei Interesse an diesem Ausbildungsprogramm sollte man sich jedoch rechtzeitig über die genauen Fristen erkundigen.

Berufsaussichten
Wer das Ausbildungsprogramm beim DIE durchlaufen hat, hat beste Chancen, anschließend eine anspruchsvolle Stelle in der Entwicklungszusammenarbeit zu finden. Das DIE selber bemüht sich am Ende des Studienganges, die Absolventen gezielt zu vermitteln; bzw. die Organisationen rekrutieren die DIE-Absolventen gerne direkt im Anschluss an das Postgraduiertenstudium.

Kontakt
www.die-gdi.de

Ecuador Foto: Johannes Messbacher

Seminar für Ländliche Entwicklung (SLE) – Berlin

Auch das Postgraduiertenstudium des SLE hat es sich zur Aufgabe gemacht, Hochschulabsolventen für Managementaufgaben in der bi- und multilateralen Entwicklungszusammenarbeit zu qualifizieren.

Aufbaustudiengänge

SLE: Seminar für Ländliche Entwicklung

Ziel	• Nachwuchsförderung • Qualifizierung für Managementaufgaben in der EZ
Voraus-setzungen	• Abgeschlossenes Hochschulstudium • Gute englische und andere Sprachkenntnisse • Entwicklungspolitisches Interesse und Engagement • Staatsangehörigkeit eines Landes der EU bzw. deutscher Studienabschluss für Staatsangehörige aus Entwicklungsländern
Bewerbung	• Bewerbungsschluss Juli
Kontakt	• http://www.agrar.hu-berlin.de/sle

Abbildung 27: Aufbaustudiengang des Seminars für Ländliche Entwicklung (SLE)

Ablauf

Eingangsphase (2 Wochen): Während der Eingangsphase werden die Teilnehmer in Themen wie Konzeptionen der deutschen EZ, interpersonelle Kommunikation und Teambuilding eingeführt.

- *Grundlagenphase (11 Wochen):* Es folgt die Grundlagenphase während der Methoden wie bspw. Partizipative Analyse und Planungsmethoden, Monitoring und Evaluierung, Moderation und Präsentation behandelt werden. Außerdem befassen sich die Teilnehmer während der Grundlagenphase mit Themen wie Ökonomische Grundbegriffe der EZ, Ressourcenmanagement und Nachhaltigkeit, HIV-Aids, Ländliche Entwicklung.

- *Auslandsphase (24 Wochen):* Nachdem die Teilnehmer ihr Projekt einige Wochen in einem kleinen Team vorbereitet haben, schließt sich der dreimonatige Auslandsaufenthalt in einem afrikanischen, lateinamerikanischen, asiatischen oder osteuropäischen Land an. Vor Ort werden Felderhebungen zu einer entwicklungspolitisch relevanten Problemstellung durchgeführt, die anschließend ausgewertet und in Form eines Berichtes verfasst und dem SLE zur Verfügung gestellt werden.
- *Endphase (3 Wochen):* Während der dreiwöchigen Endphase erhalten die Teilnehmer eine Berufsberatung. Das SLE bemüht sich darum, die Abgänger direkt in geeignete Stellen entwicklungspolitischer Institutionen zu vermitteln.

Voraussetzungen

Potentielle Teilnehmer sollten neben einem abgeschlossenen Universitätsstudium, über gute Sprachkenntnisse in Englisch und möglichst einer weiteren Fremdsprache verfügen. Entwicklungspolitisches Engagement und Interesse, das sich bspw. in abgeleisteten Praktika oder Studienaufenthalten manifestiert, stellen ebenso eine wichtige Voraussetzung dar. Neben Tropentauglichkeit sollten potentielle Teilnehmer zudem über die deutsche oder eine andere EU-Staatsangehörigkeit verfügen. Staatsangehörige aus Entwicklungsländern müssen einen deutschen Studienabschluss vorweisen.

Finanzierung

Teilnehmer des Postgraduierten-Studiums können ein Stipendium in Höhe von ca. 600 € monatlich beziehen; ein zusätzlicher Familienzuschlag kann beantragt werden. Der Darlehensanteil beträgt 75%.

Bewerbung

Der Bewerbungsschluss ist für das SLE ist im Sommer eines Jahres. Genaue Fristen siehe Internet.

Kontakt

www.berlinseminar.de

Nachdiplomkurs Entwicklungsländer – Zürich

Ebenso wie das Ausbildungsprogramm von SLE und DIE verfolgt NADEL das Ziel Hochschulabsolventen für die internationale Zusammenarbeit mit Entwicklungsländern zu qualifizieren.

Voraussetzungen

Teilnehmer müssen über ein abgeschlossenes Hochschulstudium verfügen und einen mindestens 6-monatigen Arbeitsaufenthalt in einem Entwicklungsland nachweisen können.

Ablauf

Das Programm NADEL dauert 2 Jahre lang, bestehend aus einem Studiensemester, einem Projekteinsatz im Ausland sowie einem Weiterbildungssemester.

Bewerbung

Die Bewerbung ist alle zwei Jahre möglich. Bewerbungsunterlagen können ab Februar angefordert werden, Beginn der Kures ist Oktober des jeweiligen Jahres.

Ablauf des Programms

- *Studiensemester*: In Vorlesungen und Seminarveranstaltungen werden Grundkenntnisse über die für Entwicklungsprozesse relevanten Faktoren vermittelt.
- *Projektarbeit*: Die Teilnehmer arbeiten in einem laufenden Projekt oder Programm mit.
- *Weiterbildungssemester:* Die Kenntnisse und Erfahrungen aus dem Studiensemester sowie aus dem Projekteinsatz werden vertieft und erweitert.

Kontakt

www.nadel.etgz.ch

Forum Ziviler Friedensdienst – Fachleute für den Frieden

Das Forum Ziviler Friedensdienst bietet allen, die sich im Zivilen Friedensdienst engagieren möchten, eine viermonatige Qualifizierung in ziviler Konfliktbearbeitung an. Künftige Friedensfachkräfte werden in Theorie und Praxis der Konfliktbearbeitung und – transformation eingeführt. Die ausgebildeten Fachkräfte sollen durch fundiertes Wissen über Konflikte, deren Entstehung und Lösungsmöglichkeiten, dazu in die Lage versetzt werden, beratend zu vermitteln und so an der Schaffung von Voraussetzungen für langfristige Versöhnungs- und Verständigungsprozesse mitwirken.

Termine

Jedes Jahr werden zwei viermonatige Kurse durchgeführt.
Beginn ist in der Regel im Februar (in englischer Sprache) und August (auf Deutsch).

Ablauf

- Einführung in Theorie und Praxis ziviler Konfliktbearbeitung mit den Schwerpunkten Wahrnehmung und Analyse von Konflikten sowie Hintergründe des Zivilen Friedensdienstes
- Projekthospitation in einem Projekt des ZFD sowie Vor- und Nachbereitung
- Methoden und Instrumente der Zivilen Konfliktbearbeitung (bspw. interkulturelle/gewaltfreie Kommunikation, Traumaarbeit, Mediation)
- Trainings for Peace: Seminare zu Themen wie Projektmangement für Vorhaben der Zivilen Konfliktbearbeitung, Moderation von Dialogforen, Demokratisierungs- und Wahlbeobachtung
- Evaluation

Voraussetzungen

- Mindestalter 28 Jahre
- 12-16 Teillnehmer, die entweder von ihren Projektträgern entsandt werden oder in einem Auswahlverfahren ermittelt werden
- Abgeschlossene Berufsausbildung und/oder entsprechende Berufs- und Lebenserfahrung
- Relevante Erfahrungen (wie Auslandserfahrungen, gesellschaftliches Engagement, genderbezogene und/oder interkulturelle Aktivitäten)

Finanzierung

Die Eigenbeteiligung an den Kurskosten beträgt 2500 €, worin Unterkunft und Verpflegung in der Tagungsstätte enthalten sind.

Kontakt:

www.friedenbrauchtfachleute.de

„Direkteinstieg“ Ausland

Projektbüros im Ausland haben oftmals ein bestimmtes Kontingent an Mitarbeitern, die vor Ort als sogenannte „nationale Fachkräfte“ eingestellt werden. Eine Möglichkeit des Einstieges ist es deswegen auch, in ein bestimmtes Land zu fahren, in dem man vielleicht bereits Kontakte hat, und dann vor Ort die Niederlassungen der verschiedenen Institutionen dahingehend »abzuklappern«, ob Bedarf an einer Mitarbeit als „nationale Fachkraft“ besteht. Der Vorteil: wenn gerade aktueller Bedarf besteht, kann man oft relativ unbürokratisch und unaufwändig als Freiberufler mitarbeiten und spart sich somit den aufwendigen Bewerbungsmarathon, der ansonsten in der Regel in Deutschland zu durchlaufen ist. Der Nachteil: man ist nicht sozialversichert und verdient weniger Geld als von Deutschland entsandte Mitarbeiter. Zudem erfordert es besonderen Mut, quasi „auf gut Glück“ ins Ausland gehen und davon abhängig zu sein, ob bei den Institutionen gerade zufällig Bedarf besteht oder nicht.

„Direkteinstieg“ Inland

Eine Möglichkeit, im Inland direkt ins Berufsleben einzusteigen, besteht z.T. über eine Tätigkeit als Honorarkraft oder auch als Sachbearbeiter. Da Hochschulabsolventen für diese Tätigkeiten in der Regel „überqualifiziert“ sind, haben sie hier – auch ohne Berufserfahrung – eine Chance. Allerdings ist dieser Einstieg nicht ohne Nachteile, denn z.T. ist es schwierig, sich von dieser Ebene nach einigen Jahren weg zu bewerben, da bei vielen Arbeitgebern nach wie vor ausgeprägtes hierarchisches Denken vorherrscht, das den Aufstieg von der Sachbearbeiter-Ebene zur Projektleiter- oder Referenten-Ebene nicht vorsieht.

Fazit

- Der Berufseinstieg nach Beendigung des Studiums ist eine schwierige Phase, die gut vorbereitet sein sollte.
- Da es extrem schwierig ist, ohne Berufserfahrung eine reguläre Stelle zu ergattern, kommt Nachwuchsförderprogrammen und Aufbaustudiengängen eine besonders große Bedeutung zu. Für diese Stellen sollte man sich rechtzeitig bewerben.
- Die meisten Entsendeorganisationen bieten mittlerweile Nachwuchsförderprogramme an.

- Bei der Auswahl eines Aufbaustudienganges sollte man sich vorab erkundigen, ob es sich bei dem Studiengang v.a. um eine akademische Weiterqualifizierung handelt, oder ob er berufsbezogen ist und auf den anschließenden Berufseinstieg vorbereiten soll.

Mädchen im Cuyabeno-Naturpark (Ecuador) Foto:Johannes Messbacher

Schlussbemerkung

Das Berufsfeld Entwicklungszusammenarbeit ist ein weites und komplexes Berufsfeld, das hohe Anforderungen an Mitarbeiter stellt. Nicht nur die Qualifikationsanforderungen, die für eine erfolgreiche Bewerbung notwendig sind, sind vergleichsweise hoch. Auch die Anforderungen, welche die Fachkräfte der EZ in den Kooperationsländern bewältigen müssen, sind nicht zu unterschätzen: Das Leben und Arbeiten in einer fremden Kultur, in vielen Kooperationsländern eine verschärfte Sicherheitslage, Kriminalität, Krankheiten. Auch die befristeten Verträge, die in der Entwicklungszusammenarbeit Usus sind, verlangen den Fachkräften hohe Flexibilität ab. Wer langfristig in der Internationalen Zusammenarbeit tätig sein möchte, muss also bereit sein, während seiner Erwerbstätigkeit mehrmals das Land und z.T. auch den Kontinent zu wechseln.

Die Entwicklungszusammenarbeit ist ebenso wie andere Berufsfelder ein hart umkämpfter Markt, in dem Stellen zur Zeit eher ab- als aufgebaut werden. Gleichzeitig ist es aber ein herausforderndes und bereicherndes Berufsfeld: Eine Tätigkeit im Ausland wird von vielen Mitarbeitern als Persönlichkeitsbereicherung und Horizonterweiterung erlebt. Perspektivenwechsel werden möglich. Auslandsmitarbeiter werden offen für internationale Zusammenhänge und für andersartige Kulturen. Das konkrete Erfahren anderer Lebenseinstellungen bewirkt i.d.R. auch eine Relativierung der eigenen Vorstellungen von Deutschland und der Welt.

Die Entwicklungszusammenarbeit ist aber auch ein »unsicherer« Arbeitsmarkt, der ständigen Wandlungen unterworfen ist. Ob und in welchem Maße in 10 oder 20 Jahren noch Experten entsandt werden, ist zum derzeitigen Zeitpunkt nicht zu sagen. Aufgrund der angespannten öffentlichen Haushalte ist auf jeden Fall ein Rückgang an festen Stellen zu erwarten. Die Tendenz des »Outsourcing« wird bestimmt noch einige Jahre andauern, so dass man sich – wenn man langfristig in der EZ arbeiten möchte, darauf einstellen sollte, phasenweise selbstständig als Freiberufler zu arbeiten.

Ob eine Tätigkeit in der EZ das Richtige für eine Person ist, hängt von vielen Faktoren ab. Entscheidende Aspekte sind dabei:

- *der eigene Charakter*
  Können Unsicherheiten gut ausgehalten werden?
  Reizt das Neue und Fremde?
  Ist man eine psychisch belastbare Persönlichkeit?
- *die familiäre Situation*
  Wird man alleine ausreisen?
  Oder hat man einen Partner bzw. eine Partnerin, der bzw. die einen mehrjährigen Auslandsaufenthalt mitträgt?
  Welcher Tätigkeit könnte der Partner im Ausland nachgehen?
  Falls Kinder vorhanden oder geplant sind: Wann wäre der richtige Zeitpunkt, um mit ihnen ins Ausland zu gehen?
- *die Qualifikationsanforderungen*
  Verfügt man über sehr gute fachliche Kompetenzen?
  Kann man vor Ort etwas Sinnvolles und Gefragtes einbringen?
  Beherrscht man die notwendigen Methoden, um sein Fachwissen so zu vermitteln, das es von der jeweiligen Zielgruppe angenommen und in die Arbeitsabläufe integriert werden kann?
- *die körperliche Gesundheit*
  Ist man körperlich belastbar?
  Ist man tropentauglich?
- usw.

Dies Buch enthält viele Informationen, die eine eigene Einschätzung des Berufsfeldes Entwicklungszusammenarbeit ermöglichen sollen. Vor allem die persönlichen Erfahrungsberichte im ersten Kapitel verdeutlichen die schönen aber auch die schwierigen Seiten einer Tätigkeit in der Entwicklungszusammenarbeit sehr eindrücklich.

Wir hoffen, durch dieses Buch eine konkretere Vorstellung dessen, was eine Tätigkeit in der Entwicklungszusammenarbeit bedeutet bzw. bedeuten kann, vermittelt zu haben und somit die persönliche Entscheidung für oder gegen eine Tätigkeit in der EZ zu erleichtern.

Anhang

Fußnoten/Anmerkungen

(1) Bundesministerium für Wirtschaftliche Zusammenarbeit: *Medienhandbuch Entwicklungspolitik* 2004/2005, S. 143 f

(2) Baum, Alexander: *Europäische Union. Stiefkind der Integration*, in: InWEnt (Hg.): Entwicklung und Zusammenarbeit, Nr. 10/2005, S. 380–382, S. 380 ff

(3) Deutsches Institut für Entwicklungspolitik: *Berufschancen für deutsche Hochschulabsolventen in der Entwicklungszusammenarbeit*, August 2003, S. 3

(4) Ebenda, S. 7

(5) Dr. Claus, Burghard: *Förderung deutscher Nachwuchskräfte für internationale entwicklungspolitische Organisationen*: Chancen, Defizite und Reformbedarf, in: Deutsches Institut für Entwicklungspolitik, Analysen und Stellungnahmen (3/2003), S.1

(6) Ebenda

(7) Interview mit Ulrich Heise, GTZ-Personalabteilung/Beauftragter für Nachwuchsförderung*: Morgens beim Bauern, mittags beim Minister*, in Akzente

(8) Thomas, Alexander; Schroll-Machl: *Auslandsentsendungen: Expatriates und ihre Familien*, in: Handbuch Interkulturelle Kommunikation und Kooperation, Band 1: Grundlagen und Praxisfelder, S. 390–415, S.391

(9) Ebenda, S. 396

(10) Ebenda, S. 396

(11) ASA-Programm: *Verbleibstudie*, Berlin 2005

(12) Dr. Claus, Burghard in: *Förderung deutscher Nachwuchskräfte für internationale entwicklungspolitische Organisationen*: *Chancen, Defizite und Reformbedarf*, in: Deutsches Institut für Entwicklungspolitik, Analysen und Stellungnahmen (3/2003), S. 3

Abbildungsverzeichnis

Abkürzungsverzeichnis

AA	Auswärtiges Amt
AKLHÜ	Arbeitskreis Lernen und Helfen in Übersee
ASA	Arbeits- und Studienaufenthalte in Afrika, Asien, Lateinamerika, Stipendienprogramm von InWEnt)
AGEH	Arbeitsgemeinschaft für Entwicklungshilfe
BFIO	Büro für Führungskräfte in Internationalen Organisationen
BMZ	Bundesministerium für Wirtschaftliche Zusammenarbeit und Entwicklung
CIM	Centrum für Internationale Migration
CFI	Christliche Fachkräfte International
DAAD	Deutscher Akademischer Austausch Dienst
DED	Deutscher Entwicklungsdienst
DIE	Deutsches Institut für Entwicklungspolitik
DWHH	Deutsche Welthungerhilfe
EED	Evangelischer Entwicklungsdienst
EEF	Europäischer Entwicklungsfonds
EH	Entwicklungshelfer
EU	Europäische Union
EZ	Entwicklungszusammenarbeit
FES	Friedrich Ebert Stiftung
GfbV	Gesellschaft für bedrohte Völker
GTZ	Gesellschaft für Technische Zusammenarbeit
HIPC	Heavily Indebted Poor Countries
InWEnt	Internationale Weiterbildung und Entwicklung
IZ	Internationale Zusammenarbeit
IZEP	Informationszentrum Entwicklungspolitik
KAS	Konrad Adenauer Stiftung
KfW	Kreditsanstalt für Wiederaufbau
HBS	Heinrich Böll Stiftung
NADEL	Nachdiplomkurs Entwicklungsländer
NFP	Nachwuchsförderprogramm
NGO	Non-Governmental-Organization
NRO	Nicht-Regierungs-Organisation

PRSP	Poverty Reduction Strategy Paper
SLE	Seminar für Ländliche Entwicklung
V-EZ	Vorbereitungsstätte für Entwicklungszusammenarbeit
VN	Vereinte Nationen
WFD	Weltfriedensdienst
ZEI	Zentrum für Europäische Integrationsforschung
ZFD	Ziviler Friedensdienst

Literaturverzeichnis

- Baum, Alexander: *Europäische Union. Stiefkind der Integration*, in: InWEnt (Hg.): Entwicklung und Zusammenarbeit, Nr. 10/2005, S. 380 –382.
- Bundesministerium für Wirtschaftliche Zusammenarbeit und Entwicklung: *Medienhandbuch Entwicklungspolitik 2004/2005.*
- Deutsches Institut für Entwicklungspolitik: *Berufschancen für deutsche Hochschulabsolventen in der Entwicklungszusammenarbeit*, August 2003.
- Dr. Claus, Burghard: *Förderung deutscher Nachwuchskräfte für internationale entwicklungspolitische Organisationen*: Chancen, Defizite und Reformbedarf, in: Deutsches Institut für Entwicklungspolitik, Analysen und Stellungnahmen (3/2003).
- InWEnt (Hg.): *Institutionen der Entwicklungszusammenarbeit*, Bonn, März 2004.
- InWEnt: *ASA-Programm: Verbleibstudie*, Berlin 2005.
- Interview mit Ulrich Heise, GTZ-Personalabteilung/Beauftragter für Nachwuchsförderung*: Morgens beim Bauern, mittags beim Minister*, in Akzente.
- Thomas, Alexander; Schroll-Machl: *Auslandsentsendungen: Expatriates und ihre Familien*, in: Handbuch Interkulturelle Kommunikation und Kooperation, Band 1: Grundlagen und Praxisfelder, S. 390–415.

Kurzbiographien der Autorinnen

Ulrike Bartels

Ulrike Bartels wurde 1971 in Siegen geboren. Nach dem Abitur absolvierte sie ein Freiwilliges Soziales Jahr in Bolivien. Vor Ort arbeitete sie in verschiedenen kulturellen und sozialen Einrichtungen mit. Danach begann sie in Köln das Studium »Regionalwissenschaften Lateinamerika« mit den Fächern Volkswirtschaftslehre, Politikwissenschaften, Iberoamerikanische Geschichte und Romanistik. Während des Studiums absolvierte sie Praktika im journalistischen Bereich (Informationsstelle Lateinamerika, Deutsche Welle) sowie im internationalen Bereich (ASA-Programm (InWEnt): GTZ-Projekt (Kolumbien), indigenes Dokumentationszentrum Rucadugun (Chile), Service Civil International (Bonn). Seit 2002 arbeitet sie in der Vorbereitungsstätte für Entwicklungszusammenarbeit sowie nebenher in der entwicklungspolitischen Bildungs- und Öffentlichkeitsarbeit.

Kontakt: ubartels@hotmail.com

Simone Holzwarth

Simone Holzwarth wurde 1980 in Stuttgart geboren. Nach dem Abitur arbeitete sie für 8 Monate als Freiwillige in einer Ausbildungseinrichtung in Südindien. 2001 begann sie mit ihrem Studium der Erziehungswissenschaft, Volkswirtschaftslehre und Ethnologie in Berlin und gründete den Freundeskreis ELIM zur Unterstützung eines Bildungsprojekts für geistig und körperlich behinderte Kinder in ELIM. Von 2003-2005 arbeitete sie als studentische Hilfskraft im Forschungsprojekt »Teaching Human Rights in Europe« an der Humboldt Universität. Sie arbeitete als Praktikantin beim EED, im ASA-Programm und bei InWEnt, Vorbereitungsstätte für Entwicklungszusammenarbeit. Momentan studiert sie im MA-Programm »Social Development« am »Centre for the Comparative Study of Culture, Development and the Environment (CDE)« an der University of Sussex, Brighton.

Kontakt: simoneholzwarth@yahoo.de